BABY BABY

ISBN : 978-2-36956-010-4

MARIANNE GROVES

BABY BABY

ÉDITIONS INTERVALLES

Les prénoms de ce récit ont été modifiés. Ce qui en fait, de fait, un conte de fées.

À mon Ours et mes deux Magnifiques.

UN

Jeudi 22 novembre 2012. J'ai toujours pensé qu'une héroïne était quelqu'un qui pouvait courir très vite, sauter très haut, escalader des falaises comme on éternue et manger du yack cru à pleines dents.

Pourtant, la seule pensée qui me traverse l'esprit, ce matin, emboutie à l'intérieur de mon siège Air France conçu pour accueillir un demi-Japonais, les deux genoux tapant douloureusement contre la tablette du dossier de devant, cette position me donnant un sentiment de grâce proche de la tourte à la viande fraîchement décongelée, la seule pensée, disais-je, capable de couvrir dans mon esprit le bruit nasillard des annonces trilingues du commandant de bord – anglais pourri, français d'école hôtelière, espagnol de boucher – est :

Je suis une héroïne des temps modernes.

L'avion est en retard d'une bonne heure au décollage, bien la peine de payer des billets hors de prix en vol dit « régulier » ! Le commandant de bord nous annonce qu'ils n'arrivaient pas à décoller de Londres, qu'ensuite tout a foiré à l'embarquement à Paris, bref, qu'aujourd'hui tout va mal mais que tout va aller bien. Le brouillard couvre la piste de Roissy. Sans aucune raison, je suis contente que cet avion vienne de Londres.

Même pour sauver ma vie, je ne pourrais pas courir plus de cinq cents mètres sans cracher ce qui me sert de poumons. Je déteste la course à pied, d'une haine invincible et inextinguible. Je peux mordre, littéralement, si on m'oblige à faire un petit jogging dans les sous-bois. Je vomis tout ce qui ressemble de près ou de loin à une pente, surtout ascendante. J'ai une détente de vache normande. Bref, je suis plutôt dans le sol, comme fille. Haute, certes, culminant près du mètre quatre-vingts, sans doute du fait de certains gènes canadiens qui circulent dans mon sang au milieu de diverses douceurs méditerranéennes – concentrées pour la plupart du côté des hanches –, mais tout de même, dans le sol. Une sorte de femme-platane qui, à force de régimes et de plusieurs années d'arts martiaux dans un passé déjà flou, réussit péniblement à paraître à peu près sportive si le jean est bien coupé et le gilet habilement rallongé.

Donc, pour l'héroïne, on repassera.

La dosette de lait qui accompagne le mauvais café servi par un steward à la carrure de rugbyman vient d'exploser à l'ouverture, mon gilet noir est tacheté de blanc. Évidemment. Le rugbyman me tend une petite serviette d'un air aimable en précisant : « C'est la pression ».

Tu m'étonnes.

Folle. C'est une possibilité.

Le vol s'est déroulé dans une banalité tout à fait habituelle, j'imagine que le commandant de bord a surmonté sa dépression passagère. Il fait soleil sur l'*aeropuerto de Barcelona*. Chacun pousse à l'aveuglette dans le micro couloir sa valise à roulettes pivotantes, le chef de bord nous salue d'un air fatigué, il semblerait qu'il y ait un paquet d'heures qu'il n'a pas vu un *king size* estampillé Accor. Il s'appelle monsieur Coué. La dernière fois que je suis revenue de Barcelone avec Ted, le commandant de bord s'appelait monsieur Dieu. C'est une ligne très spéciale.

Bon. Oui. Folle. Autant clore le chapitre tout de suite, ça me suit depuis toute petite. En général, c'est dit comme un compliment. Allez savoir. Moi qui me suis toujours trouvée d'une banalité affligeante, il faut bien avouer que, les années passant, j'ai dû me rendre à l'évidence. Je suis une sorte de prototype. Attention. Prototype ne signifie pas forcément fusée. Vous savez ce qui se passe, quand vous secouez mal un Orangina ? Vous commencez par verser un joli liquide clair, quand soudain, sans prévenir, des tas de trucs bizarres débarquent, tout à fait comestibles et pas avariés, mais venant troubler le verre et lui donner une allure indéterminée, le tout noyé dans un geyser de petites bulles sorties de nulle part. Dans ma vie, il y a toujours eu pas mal de pulpe au milieu des bulles.

Cet aéroport me fait chaque fois l'effet d'une énorme boutique organisée en escargot pour camoufler le chemin vers la sortie. Luxe, volupté mais finalement pas grand-chose de bien tentant dans les vitrines. De toute façon, en Espagne, tout est trop petit pour moi. Tout petit.

J'attends ma valise. On en était où ? L'Orangina mal secoué. C'est moi. Ça va, ça roule, ça coule de source, tranquille, et puis tout à coup, tac, la pulpe ! Je n'en finis pas de m'étonner moi-même, ce qui est un avantage pour quelqu'un dont la pire terreur dans la vie, c'est l'ennui. Et ce ne sont pas mes années d'analyse qui vont m'aider à classer les machins avec les trucs, même si elles m'ont probablement sauvé la vie. Je crois que ma psy aime bien mes visites, en général. Moi je m'allonge sur son canapé en cuir noir, et elle, elle se marre. Je ne vous mens pas. Ma psy se fend la poire en m'écoutant. Il semblerait que je sois dotée d'un inconscient facétieux.

Parfois, je pleure, aussi.

Donc, folle, oui sans doute. Si être folle, c'est refuser de s'emmerder sur cette terre et tenter d'y trouver un peu de rigolade et de douceur.

***

L'héroïne des temps modernes ayant posé sa très moche valise violette (qu'il faudrait remplacer mais c'est une tannée d'acheter une valise, et puis tant qu'elle n'est pas complètement foutue, ça reste une valise) dans un luxueux appart-hôtel de la vieille ville, grand comme deux fois son appartement parisien, revient péniblement d'une très longue marche de quarante minutes à tout casser sous le ciel bleu. Le temps d'acheter deux steaks au Mercat de la Boqueria, d'avaler en chemin une lampée de jambon Pata Negra coupé en petits copeaux fondants comme des calissons de porc (Dieu merci je suis athée ! – enfin je crois), d'attraper trois carottes et deux yaourts chez les Chinois et la voilà, l'héroïne, remontant poussivement les Ramblas parmi les familles de touristes habillés comme pour un trekking sur l'Himalaya, le sac au dos et la carte à la main, bourrant de churros gras et sucrés leurs pauvres gamins qui n'ont rien fait pour mériter ça.

Certaines façades d'immeubles, à Barcelone, sont belles comme des murs de salles de bains. Et pour une raison inconnue, la plupart des visages, ici, semblent beaucoup moins fermés qu'à Paris.

Ce qui, quand on y pense, n'est pas difficile.

L'air, aussi. Les Pyrénées pas loin, la mer tout près. Du fond de leur cavité aveugle, les neurones apprécient.

Je remplis le frigo, les jambes coupées, et me jette sur l'énorme canapé jonché de coussins en velours gris. La lumière de la cuisine est obstinément faible. Mes yeux ne doivent pas avoir l'air beaucoup plus brillants. Je me sens comme un pull rempli de vide.

Voilà exactement le genre de truc qui fait rigoler ma psy.

J'espère que je ne vais pas rester mollasse comme ça pendant des mois. Devenir un légume ne faisait pas du tout partie du plan. Mon truc, à moi, c'est la viande. Rouge. Saignante. Élastique. Les mollusques, ça va, mais uniquement s'ils sont frits dans mon assiette. Pas le matin dans mon miroir.

Je dois être folle.

***

C'est étrange de commencer un récit en ignorant totalement vers quelle fin il va évoluer. Happy end ? Tragédie du quotidien ? Eau tiède ou de boudin ?

***

Quarante pour cent. C'est la statistique officielle de réussite.

J'ai enfin trouvé le variateur de la lumière de la cuisine. Il était dans le salon.

***

Deux fois quatre cellules, je crois que peu de gens peuvent se vanter d'avoir leur portrait tiré à trois jours d'existence. Quatre petits ronds dans un grand, ça fait vraiment un être humain ?

Un vieux conducteur de taxi, gentil, mais qui lève quand même un sourcil en me déposant à destination. Trop de monde en salle d'attente, des femmes avec un truc un peu moche sur le visage et des maris, ou des compagnes, légèrement avachis, voire rébarbatifs. Je plonge dans mon iPod. Ça détend les yeux par les oreilles. Et puis c'est Ted qui me l'a offert pour mon anniversaire.

En dix minutes, un étrier et deux éprouvettes, une vie peut changer. La loi espagnole le permet.

La modernité pose toujours un cas de conscience, c'est même l'une de ses fonctions.

Souleymane, le frère d'Aminata, est mort à Bamako. Je l'apprends par mail en rentrant à l'appartement en haut des Ramblas. Comment ça, Souleymane est mort ? La montagne invincible, l'homme en pleine force de l'âge qui dans son boubou avait l'air d'un immense voilier coloré glissant sur le Niger. Mort ? Mais comment ? J'envoie un SMS de condoléances à Aminata.

J'ai pleuré comme une madeleine silencieuse sur cette table de biologiste. Des larmes indéchiffrables, venues du fond des temps. Pas le temps d'épiloguer. Retour illico toute seule en salle de repos, enlever de toute urgence la charlotte pour retrouver un semblant de dignité et la perdre immédiatement en se précipitant pour pisser. Quand la vessie est pleine, l'utérus se voit mieux. Ce n'est pas un proverbe finlandais.

Ils ont l'air de savoir ce qu'ils font, dans cette clinique, mais on ne peut pas dire qu'ils donnent dans la compassion. Une putain d'impression d'usine à bébés de science-fiction. Faut des nerfs. Un peu d'argent. Du cran. Ou pas le choix.

« J'espère que tu le veux toujours, ce bébé. Parce que mon frère Souleymane est absolument furieux que la commission d'adoption ait refusé ton dossier, et sache qu'il va les secouer dès son retour au Mali ! » Souleymane, de Bamako, est mort. Le jour où la clinique a prélevé à Barcelone les ovocytes de ma donneuse.

Ponction, donneuse, ovocytes, donneur, embryon. Une conception en clinique par double don, ça ne s'appelle pas une conception. C'est un « transfert ». Autant pour *La Petite Maison dans la prairie*. Je ne sais pas prier, mais je l'ai quand même fait mardi pour remercier la donneuse et le donneur. Soyez heureux. J'espère vous oublier très vite. Vous resterez anonymes à jamais. Ça aussi, la loi espagnole le dit.

J'ai pris une jolie photo de moi dans la glace de la petite salle de bains mise à ma disposition à la clinique, ce matin. Pour marquer le coup.

Des années à subir les enquêtes sociales, financières, psychologiques, menées par des fonctionnaires ayant tout pouvoir sur votre destin de parent adoptif. À se justifier de ses revenus passés, présents et à venir. De son minuscule patrimoine immobilier acquis par miracle les années moins difficiles. De sa santé mentale. De son désir de maternité malgré malgré malgré. Des années à poireauter dans des administrations humiliantes pour obtenir un certificat de nationalité, une validation de domiciliation ou un timbre du consul qui a perdu le dossier en question. Des années à faire des photocopies, des insomnies et des teintures pour masquer les premiers cheveux blancs apparus en conséquence. Un régime pour se remettre en forme. La joie de savoir qu'on ne fait toujours pas son âge, et sans chirurgie. (Ted prétend parfois que c'est parce que j'ai quatre ans d'âge mental. Il peut parler. Il en a trois, à tout casser.) L'accueil et le soutien si chaleureux de Souleymane et de son cousin Abdoulaye à Bamako en janvier 2011.

Et puis en mai 2012, mon dossier d'adoption renvoyé aux orties ou à ce qui en fait office. Pourquoi ? Parce que. Au Mali, c'est comme ça, l'avocat qui a gardé mes arrhes nous avait prévenus. Le Malien fait ce qu'il veut et ne rend de comptes à personne. Le Malien est fier. Le Malien ne m'estime pas digne d'accueillir chez moi un de ses enfants.

Sur le coup, Aminata m'a dit qu'il fallait garder la foi.

Souleymane, mon ami, oui, je le veux toujours ce bébé. Là-haut où tu es désormais, tu vas croiser ma maman, sa maman, tout le monde. Ah, ma gentille mémé Marguerite ! Le fantôme têtu. Dès le début de ma démarche d'adoption, mon recommandé s'est perdu à la poste Sainte-Marguerite... Rue des Boulets... C'est la première fois que je voyage sans voir son nom à tout bout de champ. Une rue, un bar, une épicerie, un chien, chaque fois que je me déplace, depuis quatre ans, quelque chose s'appelle Marguerite juste sous mon nez. Même en vacances en Thaïlande avec Ted, cet été, la maison voisine de l'hôtel portait son nom de famille. Un nom provençal.

Deux petites âmes viennent juste d'être renvoyées sur terre pour habiter chez moi. Dites-leur de rester, dites-leur d'accepter la proposition. Dites-leur que j'ai envie de les connaître et de partager un bout de chemin avec elles. Les deux. Si possible. Ou au moins une, s'il faut vraiment que quelque chose se passe mal.

Magie du zapping, je tombe sur *Singing in the Rain*, mon film préféré, celui qui me guérit toujours de tout. Quelle jolie surprise ! Merci mémé... ? La joie dans les pieds et le sourire pas dupe de Gene Kelly, la beauté insolente de Cyd Charisse, la victoire de la petite actrice honnête sur la pétasse prétentieuse. De quoi remettre le monde dans l'ordre pendant quelques heures, lovée au fond du canapé-couveuse.

Ted va bientôt monter dans l'avion, dans trois heures il sonnera à la porte, ici, à Barcelone. On est vendredi. Je lui ai préparé un petit Shabbat espagnol pas kasher du tout, avec tout ce qu'il préfère. Olives au piment, jamón ibérico, anchois et tortillas, vino rojo. Mes copines m'ont laissé des messages. Bashka a prié pour moi à Notre-Dame. J'oscille entre le tas qui dort et la pile électrique heureuse de son sort. Ça promet.

La multiplication des marmottes est en marche.

***

Officiellement, Ted ne souhaite pas être le père de qui que ce soit. C'est donc « très décontracté » qu'il vient me rejoindre à Barcelone pour prendre soin de moi. « J'aime vraiment beaucoup cette ville de Grenoble », me dit-il en me tendant deux numéros du journal espagnol *El País* achetés pour moi à l'aéroport. Puis, tout de suite, avec une sorte de sourire gourmand : « Alors ? Tu es enceinte ? »

J'ai voulu conserver le journal du jour et de l'endroit, pour faire un repère chronologique tangible, puisque viendra un temps, si tout se passe bien, où il faudra parler au fruit de mes entrailles, comme disaient les vieilles rengaines de l'école primaire. Expliquer. Le plus tôt possible et le mieux possible. Le mensonge, même par omission, est la seule chose qui peut gangréner la vie d'un enfant. Ou de deux.

Les faux jumeaux sont une possibilité.

Mais pas les triplés. À mon âge, on ne prend pas le risque.

Deux petits ronds, petits ronds, potirons, mes deux petits Potirons !

Ted n'est pas d'accord, il suggère de les baptiser tout de suite les Magnifiques. Non, non. Trop tôt. Et s'ils ne restaient pas avec moi ? J'exclus la possibilité du deuil. Donc, jusqu'au test prévu le 5 décembre, ce seront les petits ronds, les Potirons. En espérant qu'ils se battent pour rester vivants, et qu'ils multiplient sans relâche leurs petits ronds. Allez, hop, au turf, comme maman. Sortez-moi de la cellule, et à la pelle !

Sortez-moi de la cellule.

Mes deux petits Potirons chéris, qu'on a emmenés se balader sous le soleil de Barcelone aujourd'hui. Douceur, tapas, bord de mer, cafés dans les grandes cours plantées d'arbres, joli, cool, doux, chouette, tranquille, rigolo. Eh ben voilà, il n'y avait qu'à demander, pour *La Petite Maison dans la prairie* !

Au marché, un étal d'œufs. Pas beurre-œufs-fromage. Non. Des œufs, des œufs, rien que des œufs. Des œufs de tout, de poule, de poulette, de cane, d'autruche, de toutes les tailles et de toutes les couleurs. Une incroyable montagne d'œufs habilement empilés sans casse. Des œufs espagnols.

Reste à savoir si, moi, je vais avoir une poulette ou une autruche... Deux touristes morts de rire se tenant par la main près de la Grande Baleine de Barcelone, avec vue sur la mer. La mère. (L'âme erre... ?)

Pourvu que je ne devienne quand même pas trop vite un monstre marin.

Le lit de l'hôtel doit être magique, Ted a bien dormi. C'est quasiment la première fois de sa vie qu'il se couche dans un lit étranger sans y faire d'insomnie. Je vais arrêter de voir des signes partout, ça va gonfler tout le monde, moi la première.

Gonfler. Ha ha ha.

Quatre heures de balade, en tout cas, l'héroïne s'est surpassée au bras de son chéri, elle rentre fourbue mais le cœur content. J'espère que les Potirons n'ont rien contre la marche à pieds. L'infirmière espagnole me l'a bien dit sous son chapeau en papier vert. « Vous continuez juste le traitement et vous vivez une vie normale. »

Normale.

J'ai sans arrêt dans la tête une chanson de Paco Ibáñez apprise au siècle dernier durant mes années de lycée. *El lagartoooo y la lagaaaarta, el lagartooo y la laaaaagarta, han perdido, su anillito, su anillitoooooooo de bodas....*

Tout à fait normale.

***

Je me disais aussi.

Et voilà la pulpe ! Petit matin Orangina, c'était prévisible, vertige virtuel et entrebâillement furtif sur le gouffre familier de la terreur. Qu'est-ce que j'ai fait ?

Chut. Vite, sortir, flâner, profiter encore un peu du soleil de Barcelone, dévorer le dernier *ELLE Déco*, sentir des échantillons de parfum, faire la fille, faire la fille, rêver à de nouveaux coussins en velours jaune, s'énerver brièvement en pensant au spectacle en cours à Paris et aux dernières frasques de la Comique qu'il va falloir aller retrouver d'urgence au théâtre sous peine de nouvelles improvisations catastrophiques, boire des cafés *con leche,* apprécier la marche tranquille au bras de Ted, acheter à une vieille dame un bouquet miniature de fleurs séchées teintes de toutes les couleurs comme de petits bonbons, se demander si on a encore le droit de manger une assiette de saumon fumé.

Folle, peut-être, mais pas dingue. Il faudrait être complètement dingue pour ne pas être aux prises avec un tsunami d'angoisse, dans ces circonstances.

« Ni Dieu ni maître. Même nageur ». Heureusement Ted est calme, beau, au soleil, il lit la biographie de Jean Yanne. Entre ours, ils se comprennent par auteur interposé. Moi, à l'intérieur, je clignote comme un vieux néon au-dessus de ma tasse de café. ON / OFF / ON / OFF. Ces dernières vingt-quatre heures ont-elles vraiment eu lieu ? Le réel chasse la réalité. Le déni fait sa crise existentielle. J'ai du mal à y croire moi-même. Cette histoire de Potirons me semble tout à coup faire partie d'un film auquel je n'ai pas participé.

Ça va passer. Question tsunami, au Canada, mon pays natal, on s'y connaît. Le mois dernier, on en a repéré un sur la côte Pacifique, haut de... douze centimètres. *In Google Veritas.*

***

En fait, l'idée me frappe en parcourant les longs couloirs du terminal F de Roissy-Charles-de-Gaulle, c'est très simple.

Il suffira de se concentrer sur le bien de l'enfant. Ou des enfants. De se faire passer, soi et son petit zoo personnel de dragons invisibles et récalcitrants, au second plan. Pas de quoi faire un flan de ma situation personnelle. J'aborde la ligne de départ quand d'autres visent déjà les vestiaires. Et alors ? Comme si je n'avais jamais pris de tournants à 180 degrés auparavant. Les gens vont jaser ? J'ai mon iPod ! Et s'il faut mentir au monde pour que les enfants vivent une enfance paisible, *what the f****. Vingt ans à faire l'actrice, il faut quand même que ça serve à quelque chose.

« Le secret pour rester jeune ? Vivre honnêtement, manger lentement, et mentir sur son âge. » Louella Parsons.

J'appelle papa pour prendre de ses nouvelles à Angers et je me demande comment mon demi-frère Régis et lui réagiront si je dois leur apprendre la nouvelle dans quelques semaines. Gentiment, c'est sûr. Mais la famille, les taties ? Et on ne pourra pas leur mentir sur mon âge, elles n'oublient jamais mon anniversaire. Papa, c'est mon beau-père, le second mari de ma mère, celui qui m'a élevée en France avec elle lorsque mon père biologique a préféré chercher de l'or et des chimères dans les déserts d'Amérique du Nord, en oubliant officiellement mon existence de petite fille de deux ans. Maman est morte en 1995. Papa a été très malade ces dernières années. Mais on l'a sauvé, il est toujours là et c'est mon papa.

J'ai appris, dans ma vie, que les liens du cœur sont plus forts que les liens du sang.

***

Dormir sans Ted est toujours un peu plus difficile. Mais c'est la condition pour que notre amour de neuf ans puisse durer. Avec toi mais pas au quotidien sous le même toit, sauf en vacances, qui sont toujours idylliques. Je me tape cinq épisodes d'une saison déjà vintage de la série *The Wire* et sombre enfin dans une nuit pleine de rêves, oubliés le temps d'une fraction de seconde au réveil. Ah si. De petites médailles en porcelaine blanche... Avec des visages en bas-relief... Qu'est-ce que ça me rappelle... ?

Des fèves ! Les fèves en porcelaine fourrées dans la galette des rois de mon enfance ! Ah, on n'a pas fini de rigoler.

***

If shit happens, why not miracles?

***

Le son beaucoup trop fort du radio-réveil de Ted se déclenche. Ils sont toujours là ? Ils s'accrochent ? Je suis l'espion qui n'a pas d'yeux pour voir. Je ne sais pas décrypter les sensations de mon corps. Je n'ai pas de repère. Je ne contrôle rien. Je ne vais pas paniquer. Je vais vivre normalement. Commencer par m'extraire de ce lit. Ted fume déjà sa première cigarette dans la pièce voisine. Porte fermée pour la fumée.

« Le bar des Potirons, à Madagascar... »

Merci Radio Nova. J'imagine que jusqu'au test de grossesse la superstition va devoir me servir d'échographie.

Ted se dirige vers la salle de bains et allume une nouvelle radio. Son petit appartement est truffé de sources sonores qui le soutiennent pour supporter le quotidien. En dessous de 80 décibels, il ne peut pas prendre sa douche. «Chronique de Barcelone, où il fait bon vivre malgré la crise...»

Deux signes en cinq minutes.

Je peux partir vers ma journée. J'ai une jolie vie, la plupart du temps. Quelques lignes de postsynchronisation en studio pour un épisode télé tourné le mois dernier – moi en expert psychiatre –, visite salutaire à ma psy, en toute logique, puis lecture-découverte de la nouvelle pièce que je viens de traduire, et un petit tour par Beaubourg pour un rendez-vous papotage avec une copine peintre pas vue depuis longtemps. Et ce soir, la géniale Donatienne, égérie insoumise et légendaire que nous sommes quelques privilégiés à appeler notre marraine-fée, vient voir le spectacle. Je vais en profiter pour vérifier avec la technique cette histoire de poufs crevés qui ont – paraît-il – répandu leurs petites billes de polystyrène sur le plateau samedi soir.

Soyons francs. Là, tout de suite, les petites billes de polystyrène, c'est le cadet de mes soucis. Ou le pire, quand on considère deux secondes l'image qui se présente à moi: une poche brutalement vidée de son contenu. Mais ce n'est pas le moment de prêter le flanc. Mon flanc est largement occupé à autre chose, du moins je l'espère.

***

On a regardé sur internet. Le lit magique de Barcelone est une marque suisse vendue parcimonieusement à des prix exorbitants.

***

Je me sens déjà énorme. C'est un peu tôt, non ? Grossesse nerveuse ?

Heureusement, nos amis de la technique se sont chargés de me distraire de mes soucis personnels, hier soir au théâtre. Il y a d'abord le spectacle qui oublie de commencer parce que les régisseurs fument des clopes dehors. Ensuite la totalité des effets vidéo du premier quart d'heure foirée. Résultat : les acteurs flippés, qui jouent en force, faux rythme et lourdeur. Je suis en apnée en les regardant et obligée de me retirer dans l'escalier pour tenir le coup. L'ouvreuse, pourtant jeune, habillée comme une vieille au lieu de mettre son joli diadème, et qui ne peut pas noter les réservations parce qu'il n'y a plus de pages dans son cahier. L'habilleuse qui ne peut pas recoudre les poufs parce qu'elle a peur des petites billes en polystyrène. La directrice est en arrêt maladie, elle a pris une valise sur la tête en dormant dans un train. Les souris dansent et ont de la chance que je sois enceinte. Que j'essaie d'être enceinte.

Le public semble tout de même content. La pièce a fait son effet. Donatienne est indulgente. Son petit-fils, beau comme les stars de cinéma ne le sont plus, mais obstinément serveur dans un restaurant, a beaucoup aimé le spectacle et ça se voit sur son visage. Je l'ai connu gamin. Ça me fait plaisir. J'ai la surprise de découvrir qu'un acteur français plutôt connu était, lui aussi, dans la salle. Il s'est marré, c'est cool, je l'admire beaucoup. J'accepte les compliments avec la joie qui convient, mais je sais aussi qu'ils n'ont vu ce soir qu'un ersatz de mon spectacle et je pourrais faire bouffer sa table lumière à ce régisseur. Un bouton après l'autre. Jusqu'au dernier. Pour se faire valoir à mauvais escient et me cracher dans le dos, il est là, je suis régulièrement tenue au courant. Mais prendre de vraies responsabilités en cas d'urgence, c'est une autre histoire.

Du calme. Pense aux Potirons. Je m'épate moi-même du flegme avec lequel je fais le point avec ces messieurs-de-la-technique-qui-font-leur-boulot-avec-les-pieds après la représentation.

***

Hep. Vous êtes toujours là ? Oui, maman a un métier, très rigolo au demeurant, qui n'est pas de la tarte tous les jours surtout quand elle fait chef des andouilles. Mais elle sait aussi très bien faire tout doux tout chaud à la maison, vous verrez. Restez !

La télé annonce que nous regardons actuellement les deux derniers épisodes de *Desperate Housewives* (que j'ai dû regarder trois fois dans ma vie) et je me retrouve les larmes aux yeux.

Eh ben. Décidément, ça promet.

***

J'attends. J'attends. J'attends. J'attends un enfant ? Même pas. J'attends de savoir si j'attends un enfant. J'attends le jour du test. Encore cinq jours. Je respecte religieusement le traitement hormonal. Certains matins, mon ventre semble reprendre un peu d'élasticité, je ne sais pas si c'est bon ou mauvais signe. Je suis vannée. Je m'essouffle. Je n'ai aucune envie de travailler. Juste dormir, regarder des films, me radasser avec mon chéri. Qui a du pain sur la planche en ce moment, de toute façon. Alors je fais semblant de ne pas attendre. Je travaille. Je réfléchis, je lis, je prends des rendez-vous, je lance doucement des pistes de projets, je bosse mes textes, je vois mes amis, je fais mes règlementaires apparitions de metteur en scène au théâtre. Je comble le vide en douceur. L'argent ne tombera pas tout cru du cocotier. J'essaie de fermer les yeux chaque fois que j'entrevois la grande faille noire monstrueuse du gouffre de la terreur. Je bois du déca, je fuis l'aspartame sans pour autant tomber dans le sucre, je mange bio par principe de précaution. Ma Carte Bleue a tout donné à Barcelone et sera bloquée pour les quinze prochains jours. Je jongle, et du coup, je lâche et je casse, des assiettes, des bouteilles. Pleines.

Au dehors, bien maquillée, chaussée de mes hauts talons et parfumée, je donne le change. Il commence à faire sur Paris un petit froid de station de ski, je peux planquer mon angoisse dans ma panoplie de grandes écharpes. Je conduis lentement à scooter et je ne transporte plus personne à l'arrière, pour, euh, sans doute pour me donner bonne conscience d'être incapable de ne pas prendre mon scooter. Il va vraiment me falloir très vite une raison concrète pour rester aussi raisonnable.

***

Contre toute attente, l'autre spectacle, celui qui se joue depuis septembre dans la grande salle, dont j'ai fait l'adaptation mais pas la mise en scène, qui devait me rendre riche mais qui s'était avéré tout raté à la première, est enfin devenu drôle. Trois mois plus tard, ils ont compris la pièce. Ont pris des libertés qui servent le propos et la folie britannique du texte. Se sont mis à faire leur métier de comiques qui savent faire rire autrement qu'avec des sketches. Bref, ils sont devenus bons. Les salles hurlent de rire. Au moment où la direction pense à les arrêter. Quant à la nôtre, de Comique, la pièce s'arrêtera définitivement le 31 décembre. Réveillon de boulot en perspective... Bérangère, notre directrice, est revenue, elle est guérie. On prend un petit café toutes les deux pour fêter ça, elle me scrute intensément d'un œil amical : « Oh, mais qu'est-ce que tu as fait, toi ? » Je prends mon air le plus innocent. « Quoi, pourquoi ? — Je ne sais pas, quelque chose a changé. Tu as maigri ? »

Ces quatre jours vont décidément être les plus longs de ma vie.

***

Renseignements pris, il paraît qu'il est fréquent de maigrir au début d'une grossesse.

***

Enceinte ! Quelle merveilleuse nouvelle... Kate Middleton est enceinte. La couronne anglaise aura une tête sur laquelle se poser dans vingt ans. À en croire internet et les infos ce matin, il semblerait que le monde entier n'attendait que ça. Plus personne ne meurt, la science n'invente plus rien, la neige s'arrête de tomber, les guerres sont suspendues, William d'Angleterre va être papa. Voilà au moins un potiron qui a su choisir son potager.

Cela dit, quand on y pense, sa grand-mère la princesse Diana s'est fait chier toute sa vie à Buckingham pour mourir atrocement et plutôt jeune.

Je suis allée faire ma prise de sang ce matin. Pas de couronne, pas de royaume, même pas de cheval à la clé. La vie, seulement. Comme je le redoutais, la laborantine n'a pas pu s'empêcher de lever un sourcil en notant mon année de naissance. Je regarde des kilomètres de films d'action en ce moment, pour un éventuel projet d'écriture. Des têtes de laborantines ont déjà volé en milk-shake pour moins que ça.

Verdict ce soir, mais auparavant, vite, me refaire à coups de pinceaux une tête présentable (et heureusement que personne ne peut voir à l'œil nu l'état de mon cerveau). J'ai organisé un rendez-vous pour ce fameux film d'action. Un ami producteur va me donner des conseils, je vais lui présenter Dan, qui a eu l'idée du film et me demande de l'écrire avec lui. Petit projet deviendra énorme, ou mourra étouffé par le gros dragon de la vie. Je ne sais qu'une chose pour l'instant. Il va falloir, encore, et comme toujours, passer de longues heures à bosser «*on spec*», ce qui est la nouvelle expression inventée par les Américains pour dire «gratos», avant de connaître la suite. Je vis de paris. À Paris.

***

Le laboratoire d'analyses avait une panne d'ordinateur ce matin. Ma vie est un film. Et je suis (un tout petit peu) sur les nerfs.

***

À 17h35, le 5 décembre 2012, j'ai téléphoné depuis la brasserie parisienne le Sarah Bernhardt au laboratoire d'analyses de la place de Clichy et les Potirons sont devenus les Magnifiques.

La dame au bout du fil m'a dit de patienter. Je l'ai entendue aller parler à des gens dans le fond. Puis elle est revenue. « Madame ? On est toujours en panne d'informatique mais je peux en tout cas vous dire que c'est positif. » Un bref instant je me demande si « positif » veut bien dire « enceinte », mais je n'ose pas poser la question et je décide que oui.

Je suis enceinte. La barre statistique des quarante pour cent de réussite est derrière moi. Il ne reste plus que dix pour cent d'échec possible dans les deux prochains mois

De retour à ma table, j'ai la tête qui tourne et le souffle coupé. Je finis tant bien que mal mon rendez-vous en me mordant la langue, je n'ai plus un seul neurone de disponible, je ne comprends plus ce qu'on me dit.

Ted me rappelle tout de suite. « Oh ma chérie, je le savais ! » Ben comment ça, il le savait ? Bashka la Polonaise, maman de Tom, 4 ans, me répète quarante-cinq fois d'affilée « Oh la vache ! », retournée et joyeuse comme s'il s'agissait d'elle-même. Alan, son mari, m'appelle dans la foulée, avec de bons mots gentils et fraternels. Ingrid la suédoise, maman de ma filleule Ava de 4 ans et de son frère Émile de presque 2, m'encourage et me parle calmement de son sage-femme, oui, un homme, qui l'a aidée à tenir le coup sans flipper. J'envoie un texto à Mimi en Italie, qui a adopté au Vietnam, avec Carlo le Toscan, le petit Phong qui a déjà neuf ans. Bashka, Ingrid, Mimi, Justine, Ludivine. Je n'ai plus de mère depuis longtemps, mais la vie m'a fait le cadeau de copines de longue date, qui me soutiennent comme des sœurs. Mon fidèle scooter prend tout seul le chemin du retour, vers ma maison sur une autre planète. La Comique attendra pour ses notes de mise en scène que de toute façon elle ne veut pas entendre. Je fais la grève générale et je file me réfugier chez Ted.

Au téléphone, mon médecin semble très content, lui aussi. Il me dit de refaire un test après-demain vendredi et de venir le voir vendredi prochain. Je me demande si on pourra déjà savoir si les Magnifiques sont un ou deux.

Le savon de Marseille avec lequel je me lave les mains me met brièvement en contact avec le souvenir de ma mère et de ma grand-mère, les Provençales à l'accent chantant. J'espère qu'elles me voient, en ce moment.

Merci la science, le monde moderne, les médecins intelligents, la vie, la chance, les potirons, la loi espagnole, l'amour de Ted qui m'aide à vivre, ma psy qui m'a mise sur la voie et... quoi ? Mon inconscience ? Peut-être. Mais toute naissance est une loterie. Mes enfants seront en âge d'épouser ceux de William d'Angleterre.

***

Elle non plus n'a pas pu s'en empêcher, la deuxième laborantine. Tout en me piquant le bras, elle tente de gratter un peu. « Mais vous refaites un test parce que... ? » Je la coupe. « Pour confirmer le premier. » Quand je ne veux pas qu'on me réponde, en général, ça se sent. Elle remballe ses petits tubes pleins de mon sang et me souhaite par habitude une bonne journée. Je ne vais pas raconter ma vie à une inconnue, j'ai déjà assez de mal à me la raconter à moi-même. Qu'elle se débrouille avec ses informations scientifiques qui semblent indiquer que ce qui se passe n'est pas *biologiquement* possible !

***

Et pourtant. La panne informatique est résolue, et d'après le deuxième test, ça galope là-dedans ! Une véritable industrie de petits ronds planquée sous mon nombril. À douze jours de grossesse, j'avais un taux supérieur à la normale de deux semaines, et deux jours plus tard, j'explose le plafond des quatre semaines. D'après Ted, ils sont au moins vingt-sept, soit deux équipes de foot et tous les remplaçants.

Mes petits loups. Continuez à bosser, vous êtes formidables. Il paraît que d'ici deux semaines je vais pouvoir entendre les cœurs battre. Et savoir si vous êtes bien restés tous les deux. J'adore l'idée que je pourrais avoir soudain une famille nombreuse. Et ne vous en faites pas pour les neuf premiers mois d'hébergement, maman est solide, l'ossature est bonne et il y a de la place. Même en faisant les pires régimes du monde, je n'ai jamais réussi à descendre près d'un poids habituel pour les filles. Mince, parfois, mais lourde, toujours. C'est les os. Je ne me suis pourtant pas privée de me jeter contre les murs, c'était même mon sport favori quand j'avais vingt ans, n'importe quoi pourvu que ça bouge, à mes risques et périls de préférence; je me suis cassé la tête, le cœur, beaucoup de choses, mais jamais un os, même tout petit. Charpente à toute épreuve. Donc la grossesse aussi tardive que multiple, vous rigolez. Et j'ai même appris à éviter les murs qui me foncent dessus, avec les années. Je vous montrerai.

Comme dit ma copine Justine, artiste engagée et ultra-douée, ex-punk radicale et boxeuse de banlieue, devenue (avec Félix le comédien, boxeur lui aussi), la chouette maman de deux grands adolescents pas franchement endormis, «pourvu qu'ils ne fassent pas comme moi...»

Mon frère Régis, d'abord un peu soufflé par la nouvelle que je lui apprends au téléphone, se marre gentiment. Il n'est pas bavard de nature, mais j'ai l'impression que ça lui fait plaisir. Il a toujours considéré sa demi-sœur comme une excentrique venue d'une galaxie approximative, mais nous nous entendons très bien. Il est ingénieur, il vit seul, dans sa grande maison de Lyon, avec un chat que je lui avais offert et qui est devenu la mascotte de la famille. Et maintenant, si tout va bien, il va être tonton.

Je continue bravement mes rendez-vous, j'organise un matin la lecture d'une pièce irlandaise qui s'avère belle et touchante, un projet de plus à mettre en route l'an prochain, je parle avec Sam dont nous allons aborder la fabrication du troisième album. Les Magnifiques vont grandir en studio d'enregistrement pendant quelques mois, chouette! Dans le feu de l'action, j'en oublie parfois ma propre réalité. C'est d'ailleurs tout l'intérêt de la vie que je mène. Bon an mal an, j'ai toujours réussi à préserver des visites régulières au pays de l'imaginaire.

Sauf que cette fois, le quotidien se rappelle à moi, dès que quelqu'un allume une cigarette, par exemple, et que je dois m'éloigner discrètement. La réalité revient me frapper comme une nouvelle incroyable. Enceinte ? *You wish, sister!*

***

Il paraît que le 21 décembre 2012, soit dans onze jours exactement, ce sera la fin du monde. Il y a même une nouvelle chaîne de télé qui s'appelle comme ça : « La Fin du monde ». L'astrologie télévisée est une excellente voie de reconversion pour actrices porno vieillissantes.

Je me souviens très bien de la fin du monde de l'an 2000. Je n'avais pas encore rencontré Ted, j'étais à la campagne chez des amis, huîtres, champagne et feu de bois, et bizarrement, j'ai le souvenir vivace d'un jeu de Pictionary. Il y avait parmi nous un acteur propulsé en pleine gloire et pour lui, malheureusement, ce fut effectivement le début de la fin du monde, quelques années plus tard.

***

Le ciel est bleu glacier sur Asnières, il tombe comme une vague rassurante sur les berges industrialisées et la tranquillité immuable de la Seine.

L'arrivée de la vie provoque, ou réveille, la peur de la mort. C'est un classique. Et la force des classiques, n'est-ce pas, c'est que leur puissance ne s'émousse jamais. Insomnie généralisée cette nuit, des heures à tapoter sur le mah-jong de mon téléphone en tâchant de ne pas réveiller Ted qui dort tant bien que mal, lui aussi. Le cœur à deux cents à l'heure. La peur. Le palpitant ne va pas tenir. Ils vont me tuer. Je suis trop vieille. Je vais clamser. Mon âge tambourine à la porte de mon cerveau et vient chercher sa pote l'angoisse pour aller broyer du noir tous les deux au parc de la Grande Trouille.

Et c'est enfin le matin.

Une visite de sécurité à ma très gentille psy dont le nom de famille sonne comme une protection magique dans une autre langue. Emmitouflée dans plusieurs épaisseurs de cachemire un peu usé, de trucs fourrés de plumes et de kevlar imperméabilisé spécial deux roues, je suis soudain traversée par un grand rayon de soleil en bifurquant sur les berges. J'emmerde les chiffres. Je vais partager ma vie avec la chair de ma chair. On va grandir ensemble. Le vent me chatouille le nez. Je me fous des statistiques. Voir du pays, le redécouvrir, trouver des chemins. Inventer le mode d'emploi. Demander la lune. Retrouver la chronologie.

***

La Comique vient d'inventer une nouvelle façon d'emmerder le monde. Je m'apprêtais à organiser, à mes frais, une captation vidéo du spectacle, sans le soutien du producteur qui a assez vu sa figure capricieuse et ne souhaite plus débourser un centime pour elle. Elle me fait soudain dire par la directrice qu'il va lui falloir un contrat, une trace officielle. La Comique veut signer des papiers. Elle veut prendre des sécurités.

C'est son droit. Son droit à l'image. Histoire de s'assurer que je n'aille pas la vendre à la Warner dans son tout petit dos. Elle n'est pas foutue de remplir une salle de deux cents places, à qui croit-elle que je vais la vendre ? Et sans la prévenir, de plus, ce qui prouve qu'elle ne sait toujours pas qui je suis. Après tout ce que je me suis tapé pour elle et son collègue, le vieil acteur qui a voulu me casser la gueule le jour où je l'ai repris sur une faute de texte, et dont j'ai fait l'effort de ne pas demander la tête à la direction.

J'ai quand même certains principes dans la vie. L'un d'entre eux, plutôt récent mais pour lequel j'ai une affection croissante, est qu'il ne faut pas me faire chier tout le temps non plus. J'annule la captation vidéo. Soit cinq techniciens mobilisés, quatre caméras prêtées et une location de matériel son. J'y perds une trace de mon travail, mais j'y gagne la satisfaction mesquine d'imaginer la frustration de son ego surdimensionné. Pas de signe après son passage, rien, du vent, disparition définitive le jour de la dernière. Une artiste sans supplément d'âme n'est qu'un mannequin de plâtre.

J'ai un peu de sang irlandais dans les veines. Ce qui peut, parfois, le faire tourner plus vite que la moyenne.

Pourtant, les trois autres acteurs du spectacle mériteraient largement qu'on conserve une vidéo de leur travail. Chacun d'entre eux a fourni chaque soir au public, et sans coup férir, la beauté du cœur dont les deux autres manquaient cruellement.

J'arrive au studio d'enregistrement de Ted, où l'ambiance de ruche au travail va m'aider à trouver la force d'avancer sur la traduction de théâtre que je dois livrer dans quinze jours. C'est une commande. *On spec*, bien sûr. Mais ce qui est drôle, c'est que par hasard, c'est une pièce chorale américaine sur... la maternité. J'ai toujours pensé que, quelle que soit l'entité à qui on aurait confié, là-haut, la direction de ma vie sur terre, j'ai dû tomber sur le cancre au fond de la classe, celui qui ne rend jamais ses devoirs à temps, mais qui, par ailleurs, a de l'humour à revendre et tellement de charme !

***

Un petit mail laconique de la clinique à Barcelone, qui me confirme au vu des résultats des tests que je suis bien enceinte. Chaque message est signé d'une interlocutrice différente. L'impression étrange d'avoir été inséminée dans une usine flotte quelques instants.

Mais mon ventre me parle avec douceur depuis quelques jours. La vérité filtre, lumineuse, angoissante et belle. On est plusieurs à bord.

La représentation d'hier soir a été annulée faute de spectateurs payants. On aimerait savoir que c'est la faute de quelqu'un. Mais c'est la dure loi du théâtre, ni plus ni moins, et cette saison est particulièrement rude, même pour les salles les plus confirmées. Il va falloir que je m'active dans les semaines à venir pour remplir le frigo de façon plus fiable.

***

Réunion avec Dan, pour tenter de dégrossir le synopsis de notre film d'arts martiaux. Dan est un homme calme, aimable, intelligent, énorme bosseur. Mais son métier, c'est policier. Je suis donc censée être celle qui apporte au projet une touche de professionnalisme. Sauf que depuis quelques jours, mes neurones semblent avoir pris un abonnement collectif pour un club de vacances très lointain... Je croise les doigts pour que le groupe électrogène de secours, tout au fond de ma caboche, accepte de se déclencher. On boit des trucs chauds, des trucs froids, on parle du film, d'arts martiaux, de la vie, il raconte ce qu'il sait de son personnage, on regarde des vidéos sur internet, on tourne autour du pot, bref on cherche le chemin, mine de rien. Le temps passe, aidez-moi, mon Dieu auquel je crois que je ne crois pas, il me faut un petit éclair ! Et soudain, ouf ! L'obscurité s'ouvre. La structure narrative apparaît en filigrane, comme si elle s'était toujours trouvée là, sous nos yeux aveugles. Le magma de données s'organise. Des personnages apparaissent, des lignes de force, du *drama*, du conflit, les ingrédients d'une bonne histoire. On va laisser décanter tout ça jusqu'en janvier. Joli projet, décidément. Et puis dormir. Je suis devenue une mutante, mi-loutre, mi-marmotte, mi-ours blanc. À la moindre occasion, je me jette sous ma couverture en (fausse) fourrure et je sombre dans une autre dimension, dont je ne rapporte aucun souvenir au réveil. Un entre-deux mondes, dédié à la fabrication magique de la vie.

***

Mes enfants ! Je suis tellement fière de vous ! Vous êtes restés ! Vous vous êtes accrochés ! Vous vous êtes installés bien tranquillement, côte à côte, au chaud chez maman ! Je vous vois sur l'écran de mon médecin, qui est content comme si on venait de gagner les Jeux olympiques. Deux jolies taches noires doucement animées, qui dessinent dans mon ventre les lunettes de Fantômette. Tout disparaît. La pluie froide et sombre qui enserre Paris, l'humiliation hier matin au Centre National du Cinéma où un gros monsieur arrogant m'a exposé en deux formules fatiguées pourquoi notre projet de série télévisée est nul et non avenu, les manœuvres incessantes de la Comique au théâtre. Je volette sur mon scooter pour assurer mes rendez-vous, à deux à l'heure pour ne pas trop vous secouer sur le pavé parisien. J'ai une brève pensée pour les femmes enceintes à l'époque des corsets et des voitures à cheval. Deux petits Lions ! Fin juillet, début août, si tout le monde s'accroche, on sera trois. Trois Lions. Ma mère, déjà, était Lion, et sa mère aussi... Au feu rouge du Trocadéro, l'idée me traverse qu'on pourrait monter un petit cirque. Ted a déjà la tête du directeur. Parcourir le monde, faire des enfants de mini-Buster Keaton, laisser rouler la caravane.

Enceinte de trois semaines et déjà mauvaise mère.

Allez. Maintenant, les petits loups, il faut se serrer les coudes. Jusqu'à fin février, on peut encore voir l'un de vous abdiquer et lâcher le navire. Moi, j'aimerais vous garder tous les deux. Courage ! Je vous parle sans arrêt, tout en vaquant à mes occupations.

J'ai la liste de ce que je ne dois pas manger, pas faire. J'ai fait tellement de régimes dans ma vie, celui-là va être du gâteau. Justement pas, d'ailleurs. Les gâteaux, *vade retro* ! Je suis montée sur la balance et les chiffres étaient assez moches. Le médecin, goguenard, m'a dit, « Bon, il va falloir éviter de trop grossir, hein. » C'est les os, je vous dis. Je jette à la poubelle le stock de chocolat. Vive le poulet bio ! Le Coca light me manque mais l'aspartame est un poison mal défini.

Revenue de mon passé de jeune débutante au théâtre, lorsque j'étais gentiment encouragée par son époux notre regretté Noël, l'acteur qui nous manquera toujours, la merveilleuse Émilie est venue hier soir au théâtre avec sa fille Nora. Leurs mots me font du bien. Je suis fière d'une chose sur ce spectacle. La structure est, malgré tout, assez forte pour que la mesquinerie d'une partie de notre distribution ne réussisse pas à l'endommager aux yeux des spectateurs. L'humour et la folie priment sur la petitesse.

La vieille pharmacienne aux ondes de teinture d'iode périmée enregistre mon ordonnance d'hormones, et me demande, l'air suspicieux, « Mais, c'est une maladie qui a donné lieu à un protocole ? » Ah, c'est vrai. La date de naissance figure sur la carte Vitale. Il va falloir que je m'arme de patience face au petit peuple de la sphère paramédicale. Sauf que là, je suis prise au dépourvu. Je renvoie sèchement : « Ce n'est pas une maladie. » La balle était liftée, la vieille finit d'encaisser mon argent en silence. Ted se marre quand je lui raconte ça. Facile.

Il a rêvé qu'il me montrait dans le ciel des connexions lumineuses, que je ne parvenais pas à voir clairement.

***

Mon frère a craqué au travail, la charge est trop lourde, ses nerfs malades ne tiennent pas et il est arrêté pour un mois. Surmenage, trop de pression, il n'en dormait plus. La vie dans une grande entreprise nationale ou assimilée n'a rien de romantique, l'être humain n'y vaut que ce qu'il rapporte. Stabilité de l'emploi, certes. Mais à quel prix ? Je trouve qu'il a une vie bien difficile.

Pierre-Jacques, l'homme généreux qui assure la comptabilité de ma compagnie sur ses heures perdues, va retourner voir le spectacle pour la quatrième fois, avec son fiancé et plein d'amis. Ils sont sincèrement fans. Merci les gars.

Connecticut, États-Unis. Fait divers. Un jeune homme de vingt ans, armé jusqu'aux dents, tue sa mère institutrice, se rend à l'école, abat vingt petits enfants d'un tir très sûr, et se suicide. Le monde entier s'étonne et pleure. La mère institutrice était une fanatique des armes, elle possédait un arsenal digne d'une insurrection tchétchène et emmenait régulièrement ses enfants s'entraîner au tir avec elle. J'ai écrit un court-métrage sur le sujet, il y a longtemps, tiré d'un fait divers réel. Je ne l'ai jamais réalisé. Des parents offraient une carabine à leur fils pour ses dix-huit ans et il en profitait pour les tuer au dessert. C'était un peu caricatural.

***

Les amis du poker sont réunis à la maison. Les mises sont symboliques, c'est une occasion pour Ted de retrouver ses deux meilleurs amis et leurs femmes, de goûter des vins délicieux et de se détendre. Je suis interdite de jeu depuis le début de ce petit cercle. Ted refuse de jouer de l'argent contre moi. Ce qui m'arrange bien, parce que je suis parfaitement nulle aux cartes. Opposer un roi de papier à un as de carton, je ne vois pas l'intérêt. Mina, la fiancée de Pierrot, est radieuse, elle a une nouvelle à nous annoncer, et Pierrot s'empresse de préciser en riant : « Je vous rassure, elle n'est pas enceinte ! » Ted me regarde avec du soleil dans l'œil. La jeune Mina, qui travaille dans la haute couture, a obtenu la promotion professionnelle qu'elle espérait depuis cinq ans. On trinque joyeusement, je me défile et attrape un verre d'eau. Bon. Je n'étais pas sûre qu'il ne soit pas un peu tôt pour informer les amis, mais Ted a insisté...

« Marianne est enceinte. » Tout le monde tombe, d'abord à la renverse, puis dans nos bras. Sourire en or massif sur le visage de mon amoureux.

L'appartement que j'ai réussi à acheter l'an dernier était petit, moche et mal agencé, mais il avait du potentiel, comme on dit, une triple exposition, un local à poussette, une situation sécurisée au rez-de-chaussée en fond de cour, suffisamment de lumière et une concierge qui garde les enfants. J'ai passé des mois à déplacer la cuisine, la salle d'eau et les murs sur mon ordinateur, pour obtenir après un été de travaux un joli trois-pièces miniature où il fait bon vivre. Le petit bureau était prévu pour devenir une chambre d'enfant. Un enfant, d'accord, mais deux ? Je leur laisse ma chambre et je tente de caser un lit double dans le bureau ? Mezzanine ? Lit suspendu ? Convertible ? Le grand chamboule-tout est reparti dans ma tête. Visiter les sites de meubles, concevoir de nouveaux rangements, chercher des astuces. C'est mon poker à moi.

***

Oh non. Quelques micro-gouttes brunes. Alerte rouge.

Le docteur me dit, « Pas d'inquiétude pour l'instant, mais repos ». Je parlemente en secret avec mes deux petites usines à gaz à l'intérieur. Accrochez-vous, tenez bon ! Vous avez gagné. J'arrête de gigoter. Je me couche. Au sens propre. Sous la fausse fourrure, ordinateur et téléphone à portée de main.

Et je vous promets d'essayer de faire ce que je fais le moins bien : rien. De toutes mes forces. Pour vous en laisser, à vous, le plus possible.

La peur au ventre.

Noël approche, Paris va entrer dans la grande paralysie blanche annuelle. Immobilisé par ordre du médecin ou pas, plus personne ne pourra travailler efficacement, sauf les salariés contraints de faire acte de présence. Ce n'est pas la crise pour tout le monde : les autoroutes, les avions, les stations de ski ne désemplissent pas. Il faudra attendre le 15 janvier pour que les bureaux recommencent à frémir d'une activité à peu près habituelle, que les mails reçoivent des réponses et que les secrétaires se remettent à transmettre les messages. Période d'activité très brève, qui sera immédiatement interrompue par les vacances de février puis celles de Pâques.

La grosse pièce dans le gros théâtre est prolongée jusqu'à fin janvier. Financièrement, c'est chouette, je vais pouvoir dormir en paix. Couver mes œufs. Ne vous brisez pas, s'il vous plaît, ne lâchez pas, accrochez-vous ! Je ne voudrais pas pleurnicher, mais sincèrement, je ne sais pas comment je supporterais de vous perdre.

C'est dans ces moments-là qu'on comprend pourquoi la télé diffuse des imbécillités à longueur d'antenne. Moi, cet après-midi, c'est exactement ce qu'il me fallait.

***

« Quelle bonne nouvelle. Faut-il que j'achète tout de suite des fraises pour Noël ? » Je ne lui avais jamais parlé de mes démarches, par peur de l'angoisser pour rien. Mais malgré la surprise de taille, papa vient, comme toujours, de trouver au téléphone le petit mot drôle qui scelle la situation. Je suis tellement contente.

Il n'est pas sûr que je puisse me déplacer à Noël, la voiture sur trois cents kilomètres aller-retour semble une mauvaise idée. Je réserve deux places de TGV en première classe pour Ted et moi, on verra dans quelques jours si l'alerte est levée.

Mes petits chéris. J'espère que vous êtes toujours là, toujours en vie, toujours à fabriquer de nouveaux petits ronds. Mon prochain rendez-vous avec vous, sur l'écran de l'échographie, est le 3 janvier. Je voudrais en avoir fini avec cette fin d'année.

Par une jolie coïncidence, Bérangère, la directrice du théâtre, s'est mariée en douce à l'homme qu'elle aime depuis trente ans le jour même où, moi, je suis allée en douce à Barcelone recevoir les enfants que j'attends depuis dix ans. Faute avouée est totalement pardonnée, nous rigolons a posteriori comme deux collégiennes, au téléphone. De son côté, la Comique poursuit sa petite campagne de sape. Il va falloir trouver le moyen de juguler l'extraordinaire feu d'artifice de vanité déployé sous nos yeux ahuris, si l'on veut éviter une implosion générale avant la fin de l'exploitation. Plus que deux semaines. *Keep calm and carry on.*

Ted a garé mon scooter sur une place autorisée et l'a arrimé au sol avec un gros antivol. Je vais réapprendre à vivre à pied.

Des heures de trajet au lieu de quelques minutes. Je déteste les transports en commun, ils sont généralement bourrés de Parisiens maussades et mal élevés. Quant aux taxis, une fois sur deux les chauffeurs écoutent à plein volume des trucs insupportables. Radio Sketches Idiots, Radio Football Breton, Radio Langue Mystérieuse qui Parle Très Fort et Super Vite. C'est leur voiture, et l'air sur leur visage vous signifie clairement que vous n'avez pas voix au chapitre. Estimez-vous heureux qu'ils aient accepté la course. Allez, salut, mon vieux scoot' !

***

Pourvu qu'ils soient toujours vivants.

***

Google Actualités, ce matin.

« MOSCOU – La Douma a approuvé mercredi en deuxième lecture une proposition de loi interdisant l'adoption d'enfants russes par des Américains, en réponse aux sanctions prévues par la loi Magnitski. Celle-ci, adoptée par le Congrès américain, interdit l'entrée aux États-Unis et prévoit de saisir les biens de responsables russes impliqués dans la mort en prison en 2009 à Moscou du juriste russe Sergueï Magnitski, ou dans d'autres violations des droits de l'homme. » Les orphelins en bas âge, monnaie d'échange politique sur la grande scène des saloperies mondiales. Poutine l'assume cyniquement, les autres font la même chose sous le manteau. Et les bébés pleurent, tout seuls.

***

Deux jours entiers au lit, c'est beaucoup, non ? Je décide d'appeler un taxi. En me levant, la tête me tourne. Si j'en crois mes jambes en flanelle et ma tête de papier mâché, ça turbine toujours. Allez, les petits loups. On va aller au studio de Sam écouter de beaux riffs de guitare. Vous allez adorer. Tenez bon.

***

Imaginez. Vous ouvrez un œil, le matin, et vous prenez direct un grand coup de batte de baseball dans l'occiput. Pas de café, pas de petite douche, juste une énorme baffe à l'arrière de la tête. Voilà. C'est à peu près mon niveau de fatigue. Sommeil à hurler, sans pour autant que ça me mette de mauvaise humeur. Je me planque tant bien que mal sur le gros canapé du studio d'enregistrement. C'est le tout début du prochain album, Sam est inspiré, Alain et Gilles jouent et réalisent avec autant de gentillesse que de talent. Ils échangent des phrases cryptées du genre « Je crois que la charley rentre trop vite », « Sur la première reprise, on est un peu bleu », « C'est bizarre, je n'entends pas ce que je vois », ou encore, « Je me demande si la Siemens ne me fait pas une diaphonie ? » ... Ça plugue, ça déplugue, ça patche et repatche, ça joue de tous les instruments comme si c'était la chose la plus naturelle du monde, on éteint la climatisation qui envoie dans le micro à lampe une fréquence aiguë que je n'entends absolument pas. Le studio, niché sur une hauteur des environs de Paris, est grand, beau, tapissé de bois et de moquette, et provisoirement bourré de toutes les machines vintage que Sam collecte de par le monde. Ampli des années 1940, table de mixage russe... Pour une raison que les aficionados apprécieront, il a même fait le choix peu commun d'enregistrer les sessions sur bande, avant de coucher les morceaux sur Pro Tools. Je ne vous expliquerai pas cette dernière phrase, sachez juste que le résultat est un son exceptionnellement soigné et chaleureux. Moi, la parolière, je passe des heures à écouter, sentir, regarder les morceaux se construire, instrument après instrument. Parfois, je modifie les textes, j'en écris de nouveaux, je teste un phrasé, une piste de narration. Quand Sam chante, j'écoute, je note pour lui les rythmes de la langue, on se comprend. Je ne connais pas de métier plus agréable.

Andrée et Eddie, les parents de Ted, sont rentrés de leur traditionnelle cure thermale annuelle. Nous sommes vendredi, Andrée a préparé le dîner de Shabbat pour toute la famille, dans leur grande maison d'Aubervilliers. Ted est l'aîné d'une fratrie juive sépharade de six enfants, dont la seule fille est partie se marier en Israël et à qui il n'adresse la parole que contraint et forcé. Je ne connais que ses quatre frères. Je suis toujours accueillie très chaleureusement à ces réunions de famille, moi, la goy à qui personne n'a jamais demandé autre chose que d'aimer Teddy, qui avait trois ans lors de l'exode forcé depuis la Tunisie et en a gardé quelques marques. Et je l'aime du plus profond de mes molécules les plus invisibles, mon ours rétif. J'aurais voulu pouvoir le rejoindre au dîner ce soir, j'ai l'impression qu'il est impatient de me voir annoncer ma grossesse à sa famille. Sa maman a été la première à m'encourager, un vendredi soir, à mi-voix, entre deux assiettes à remplir dans la cuisine. Connaissant les difficultés que je rencontrais à l'époque dans mon projet d'adoption, elle avait trouvé le courage de surmonter sa pudeur pour me glisser : « Fais-le toi-même, ce bébé ! Et même si Ted ne peut pas, il y a des moyens, renseigne-toi. On t'aidera, tu fais partie de la famille ». Je n'ai pas osé lui dire que le problème n'était pas que Ted ne pouvait pas avoir d'enfant, mais bien qu'il pensait ne pas en vouloir. J'ai rentré mon émotion, et puis on est reparti au salon livrer les assiettes de couscous à la tablée, toujours affamée. Le soir, Ted n'en est pas revenu : la femme dont je lui parlais n'était pas la mère qu'il connaissait. Bon. Je m'entends bien avec ma belle-mère, je n'y peux rien !

Le bouton de mon jean vient d'exploser discrètement, en plein studio. Non. Déjà, en début de cinquième semaine ? Heureusement que j'ai empilé plusieurs couches de T-shirts fins et longs. Je tire dessus, en priant pour que la fermeture éclair du pantalon tienne jusqu'au soir. Je n'ose pas imaginer combien de kilos je vais devoir prendre. Je sais, c'est futile, mais dans mon cas, je peux vous assurer que la futilité pèse son poids.

Je ne dis pas ça pour vous, les Magnifiques. Restez là, au creux de moi, vous avez tous les droits. J'espère que vous aimez la musique et que ça vous aide à fabriquer des petits ronds. Je crois bien que vous êtes toujours là, d'ailleurs. La première phrase chantée que j'ai entendue en entrant dans le studio a été : « *Today is not the day I die* ». C'est une phrase d'une chanson que j'ai écrite pour Sam longtemps avant d'avoir l'idée de vous concevoir. « Ce n'est pas encore aujourd'hui que je meurs ». Oui, c'est plus beau en anglais.

La guitare et la batterie du troisième morceau sont en boîte, ça envoie du bois, on est content. Tiens, l'heure de la fin du monde est passée. Soit nous sommes les derniers survivants de la planète, enfermés dans ce studio d'enregistrement, soit des milliers de gens dans le monde, ayant investi toutes leurs économies dans des bunkers de survie, des armes, des rations de nourriture en conserve et autres denrées vues dans les films de série B, voire un terrain hors de prix sur la lune ou dans ce ridicule village quelque part en France censé être le seul lieu de survie au monde, des milliers d'êtres humains crédules et faibles, donc, sont en train de se rendre compte que le monde les a pris, une fois de plus, pour ce qu'ils sont : de pauvres gens. Soumis, serviles, crédules, apeurés, suiveurs, exploités dans leur faiblesse la plus intime à des fins exclusivement commerciales.

Ingrid me rassure par texto, au sujet de la fatigue : au début de sa grossesse, elle dormait par terre au bureau pendant les pauses café des stagiaires dont elle assurait la formation. Ingrid est une suédoise insubmersible. Donc chez moi, tout est normal.

23 h 46. Je rêve de mon lit. L'enregistrement s'éternise un peu, j'espère toucher mon oreiller d'ici une petite heure.

***

Nous sommes le 22 décembre, j'ouvre mon courrier avant de repartir au studio. Physiquement, je me sens beaucoup mieux qu'hier, mes jambes sont revenues et l'alerte rouge est passée.

« *Agence Française de l'Adoption. Dossier suivi par le Pôle Afrique.*

Paris, le 6 décembre 2012.

Madame,

Vous avez initié une démarche d'adoption au Mali par l'intermédiaire de l'Agence Française de l'Adoption.

Par un communiqué du 25 octobre 2012, le Service de l'Adoption Internationale (SAI) a confirmé que la loi malienne n°2011-087, adoptée le 30 décembre 2011, portant sur le Code des Personnes et de la Famille, était entrée en vigueur.

L'article 540 de cette nouvelle législation prévoit que, désormais, seuls les couples ou les personnes célibataires de nationalité malienne n'ayant pas d'enfant ni descendant légitime, et âgés d'au moins 30 ans, sont autorisés à adopter un enfant malien.

L'adoption internationale est donc dorénavant limitée aux seuls ressortissants maliens résidant à l'étranger.

J'ai donc le regret de vous confirmer l'arrêt de votre candidature sur ce pays.»

Le Mali en préparation de guerre se lance dans une production strictement nationale de chair à canon. Je n'oublierai jamais toutes ces petites bouilles de bébés abandonnés dans les orphelinats de Bamako. Ni la petite Marie-Madeleine, angelot de lumière qui s'était accroché à moi lors d'une visite.

Marie-Madeleine et son petit frère avaient été confiés à un orphelinat privé de Bamako par les services sociaux, lorsqu'on s'était aperçu que leur maman, prostituée, les droguait la nuit pour pouvoir travailler. Le petit frère de Marie-Madeleine n'avait pas survécu à la séparation. Du fait de l'existence de cette maman, et de son âge considéré comme trop avancé (trois ans), la petite Marie-Madeleine n'était pas adoptable. Quand bien même, dans le cadre de la Convention de La Haye sur la protection de l'enfance, la loi française interdit strictement qu'un futur parent adoptif choisisse un enfant dans son pays d'origine. Il faut s'en remettre aux autorités pour prendre l'enfant qu'on vous aura attribué sur fiche. Il est même officiellement interdit aux futurs adoptants de visiter les orphelinats. En poussant les portes des institutions de Bamako, j'étais donc en fraude par rapport à l'État français, mais la conscience tranquille car trop respectueuse des enfants pour imaginer enfreindre la loi plus avant. Avec l'amie qui m'accompagnait, elle aussi en attente d'un dossier d'adoption, nous et nos petits cadeaux avons été accueillis partout avec chaleur. Le chauffeur de Souleymane nous accompagnait avec une gentillesse infinie. Le premier jour, j'avais des scrupules à abuser ainsi de l'hospitalité du frère d'Aminata. Mais j'ai vite compris à quel point Yacouba nous était indispensable. À Bamako, il n'y a pas d'adresse. Il faut savoir où sont les choses. Ça se passe au bouche à oreille.

Je ne pouvais donc pas envisager d'adopter la douce petite Marie-Madeleine. Mais dès que je l'ai vue, j'ai été obsédée par l'idée qu'elle devait aller à l'école, d'urgence, pour ne pas connaître plus tard un destin assimilable à celui d'une esclave, fréquent chez les jeunes femmes sans famille. Cette petite fille respirait l'intelligence et la soif d'apprendre. J'ai tenté de la faire accepter dans une ONG locale qui recrée des fratries d'enfants abandonnés dans des villages tout neufs, autour de mamans de substitution, et dont l'humanité et la qualité d'éducation m'avaient frappée. De fausses promesses en listes d'attente, j'ai dû me résoudre à accepter que ce serait impossible. En désespoir de cause, je n'ai pu que faire passer discrètement de l'argent à l'orphelinat, pendant l'année qui a suivi, contre la vague promesse qu'on enverrait la fillette à l'école. Aux dernières nouvelles, Marie-Madeleine a pu réintégrer un foyer familial, recueillie par un oncle.

***

Le studio fourmille aujourd'hui, le troisième album de Sam va être formidable.

***

Chaque année, à Noël, papa perpétue la tradition provençale de la crèche, transmise par notre défunte maman marseillaise. Autour de Marie, Joseph, l'âne et le bœuf, c'est une véritable saga de petits personnages, au nombre de plusieurs centaines à ce jour. Une collection commencée dans l'enfance de maman et jamais interrompue depuis. Le tambourinaire, le ravi, le curé, le vannier et ses paniers, les joueurs de cartes, les vieilles bavardes, la marchande d'ail, le berger et ses moutons, le ferrailleur, le pêcheur de rivière, le pêcheur de pleine mer, l'Arlésienne sur son âne, les danseurs de farandole, et puis bien d'autres, parfois plus improbables : le petit boulanger endormi dans son pétrin, des chiens, des chats, la marchande de fruits et son étal coloré, le moine bedonnant... Autant de petites statuettes d'argile peintes à la main, souvent signées du grand santonnier Carbonel, rangées en procession pour aller rendre hommage à l'enfant du miracle. Les couleurs sont fraîches, les visages éveillés, les mouvements pris sur le vif, il règne dans cette crèche une joie palpable. Le plaisir est renouvelé chaque année, car papa, comme dans notre enfance, s'ingénie à construire chaque fois des scènes et un paysage différents dans le placard qu'il dégage à cet effet. Étages de mousse naturelle, grotte en pierre ou en paille, rivière d'aluminium courant parmi de petits cailloux blancs... Et le 24 décembre à minuit, on dépose l'enfant Jésus aux pieds de ses parents, bien au chaud entre l'âne et le bœuf. Une tradition religieuse à laquelle notre famille d'athées ne renoncerait pour rien au monde.

J'ai d'ailleurs appris cette année au réveillon une nouvelle surprenante. Ma mère, je le savais, avait renié sa religion au cours de sa vie. J'ai été baptisée au Canada (anglicane, comme la famille de mon père biologique), mais mon demi-frère, né sept ans plus tard en France, n'a été béni par aucune Église. Cependant, j'ai toujours cru, et dur comme fer, qu'au départ elle était protestante. Papa vient de me détromper. Ma mère était catholique. Je n'en reviens pas. Lors de ses études à Normale Sup, elle faisait même partie des « Tala », ceux qui allaient « tala » messe, par opposition aux « Zala », qui, eux, n'allaient pas « zala » messe... J'ai pourtant le sentiment d'avoir beaucoup parlé avec ma mère, de son vivant. Il faut croire que la vie ne laisse jamais le temps de tout se dire. Ou encore, ma mémoire est défaillante, ce qui, concernant les histoires de famille, est très fréquent chez moi. Les généalogies, les prénoms des ancêtres, les dates et lieux de naissance ou de mort, il semblerait que mon cerveau n'ait jamais trouvé de place correcte pour stocker tout ça. D'une façon générale, la chronologie, pour moi, a toujours été une notion un peu abstraite. Enfin bref, j'apprends donc que mon grand-père était protestant, certes, mais que ma grand-mère (mon fameux petit fantôme Marguerite) était, elle, catholique. Il avait donc été entendu entre eux que si l'enfant à naître était un garçon, il serait protestant, et que si c'était une fille, elle serait catholique. Drôle de marché. Et une raison de plus, sans doute, pour attiser la rage incompréhensible que mon grand-père a toujours nourrie contre sa fille unique. Lui-même ayant été livré toute sa jeunesse à la vindicte d'une mère apparemment épouvantablement méchante. La colère, dans ma famille, descendait en ligne droite par un très long souterrain. J'ai pris conscience du processus à temps pour l'enrayer, du moins je l'espère, mais il est possible que cette donnée ne m'ait guère incitée à vouloir transmettre mon propre patrimoine génétique.

Je descends donc d'une catholique et d'un anglican. Ted me dit que c'est le bois dont l'Histoire a fait les reines. Mon roi juif que j'aime.

Ma mère est morte en 1995, après avoir vaillamment lutté pendant dix-sept longues années contre plusieurs tumeurs lui dévorant les organes de la parole. Sur sa tombe, je me suis juré solennellement de ne pas mourir de rage à mon tour. Et j'ai cherché la paix par tous les moyens, la psychanalyse s'étant finalement avérée le plus efficace d'entre eux. Aujourd'hui, je garde d'elle le souvenir d'une maman organisée, curieuse de la vie, dure au mal et à la douleur, grande gueule, très attachée à sa mission de professeur d'anglais malgré son cou tailladé par les opérations, qui menait la maisonnée tambour battant, adorait le camping et partait régulièrement d'un formidable rire en cascade, communicatif et ensoleillé. Elle était aussi très cultivée. C'est elle que j'appelais chaque fois qu'une information me manquait. Aujourd'hui, il y a Google.

Contrairement à beaucoup de gens, il me semble avoir toujours aimé Noël. Ma famille étant peu loquace sur les sentiments, les cadeaux sont l'occasion de nous redire que nous nous aimons, et cette année encore, la magie fait son effet. Chacun a chiné pour les autres, patiemment, et les attentions font mouche. On se gâte mutuellement, y compris Ted qui m'accompagne chaque année. Et malgré la consigne de repos absolu, je prends plaisir à cuisiner pour ma petite bande de gars, un magret au miel, des cailles au foie gras. Un peu de douceur dans une année de brutes. Mon frère a l'air de se remettre de son récent burnout et la santé de papa lui fiche enfin la paix. Malgré une brève frayeur sur ses yeux malades, dissipée le dimanche par un aimable voisin ophtalmo.

La carte de Noël de Ted représente deux adorables petits bébés se tenant par la main devant la mer. Et celle de papa, accompagnant un vase en argent en forme de poissons jumeaux, un plat de fraises peint par un peintre de la Renaissance. Mes petits loups. J'ai bu du Champomy et du Perrier à votre santé, cette année. Je voudrais que le 3 janvier arrive vite, pour vous revoir enfin sur l'écran de l'échographie.

« Ça va, pas trop mal au cœur, le matin ? » Lydie est ma copine d'enfance, nous avons grandi ensemble en province jusqu'au baccalauréat, à deux maisons de distance. Les fêtes sont l'occasion de voler une petite heure pour se raconter un an de vie en accéléré devant un chocolat chaud. Ted, pendant ce temps, a rencontré des amis à lui, eux aussi en villégiature familiale à Angers. Lydie, qui est maman de deux enfants adolescents, a adoré être enceinte et ne me raconte que de jolies choses à venir. Il semblerait que, comme elle, je sois épargnée par les fameuses nausées. Légèrement vaseuse le matin, sans plus. Croisons les doigts.

Par crainte de la toxoplasmose, j'évite comme la peste le chat de mon frère, qui a l'air d'y perdre son latin. De plus, j'ai investi l'unique canapé du salon de papa, qui permet habituellement à Carolus de se vautrer sur les genoux de son maître pendant des heures, en habile preneur d'otages déguisé en peluche vivante. Ses grands yeux verts m'adressent des reproches muets et dignes, formant un tableau déchirant encadré par son joli poil blanc tacheté de noir. Stanislavski, page deux. Observe ton chat si tu veux devenir comédien.

Avant de repartir pour la gare, je me coupe distraitement un petit morceau de la brioche des Rois posée sur la table de la cuisine. Et je tombe sur la fève ! Bien sûr… J'en rigole toute seule. Elle représente un lutin aux airs facétieux. L'objet est plutôt moche, objectivement, mais en ces temps de superstition avancée, je décide que c'est la plus belle fève du monde et la glisse dans mon porte-monnaie. Je suis en train de devenir complètement débile, espérons que ce ne soit que temporaire.

***

L'angoisse est comme une immense baleine, puissante et silencieuse. Par temps calme, elle sillonne les grands fonds, masse invisible, indétectable et inoffensive dans la noirceur des profondeurs. Mais un jour ou l'autre l'oxygène vient à manquer, et la bête immense surgit au grand air, propulsée par une formidable contorsion dorsale. Quelques secondes à peine, mais son jaillissement est si brutal, l'irruption si violente, que l'onde de choc fend les eaux jusqu'aux rivages les plus lointains. J'ai appris, dans ces cas-là, à retenir brièvement le cours de ma vie, le temps que la bête noire accepte de retourner se fondre dans l'obscurité et que la vague s'apaise.

Il y a eu un bref sursaut à mon retour à Paris. Je m'y attendais. J'ai enclenché dans le lecteur DVD un film anglo-danois très romantique sorti cette année. J'ai pleuré comme une fontaine pendant deux heures. Et la baleine a replongé silencieusement.

Mon amie Ludivine ne réussit plus à renvoyer le monstre de l'angoisse par grands fonds. Hospitalisée deux fois cet été pour tentative de suicide, son appétit de vivre ne suffit plus. Une brèche s'est percée dans son inconscient, les démons ont pris le dessus et sa vie n'est qu'une longue et interminable angoisse. Ludivine sombre dans une dépression très grave et les médecins ont toutes les peines du monde à la soigner. Il y a deux ans, un crétin d'astrologue lui a prédit une vie entière de malheur sans rédemption. Elle aurait dû le gifler. Au lieu de quoi, elle l'a cru. Depuis, elle coule comme une pierre. Et avec elle, sa petite fille de neuf ans, terrorisée. Je connais Ludivine depuis mon arrivée à l'école Florent, lorsque nous étions deux apprenties comédiennes, passionnées et insouciantes. Lu était la joie de vivre incarnée et, moi qui arrivais de province, j'enviais son aisance. Issue de la haute bourgeoisie, c'était une vraie Parisienne, belle comme un cœur, joyeuse, intelligente, drôle, sociable et douée. Quelque chose, depuis, se brise chaque jour un peu plus chez elle. Le chemin lumineux de sa jeunesse est devenu un calvaire obscur et douloureux. Lorsqu'elle avait six ans, sa mère est morte, son père s'est remarié et le nom de sa mère a été enfoui à jamais aux oubliettes.

Parfois, les fantômes se vengent, ils ne connaissent ni la pitié ni la miséricorde. Les Celtes le savaient, et l'ont soufflé à Shakespeare.

***

Flavia, mon amie ex-photographe de plateau devenue prof de yoga, me dit savoir par une connaissance qu'en Russie, il est encore possible d'adopter un enfant, hors des circuits officiels. Il suffit pour cela d'avoir beaucoup d'argent. Moi, j'appelle cela du commerce d'enfants.

***

La représentation d'hier soir était étouffante, malgré la gentillesse du public. La Comique présente un jeu décousu, haché, lourd, performance d'amateur pour sapin de Noël. J'exagère à peine. Je décide, sagement, de ne rien dire aux acteurs à quatre jours de la dernière, et sors manger une crêpe avec mes amis. Dino a participé à la création de mon tout premier spectacle de barjos punkisants en 1995, Piotr a joué dans le lourd et passionnant projet sur les prisons américaines que nous avons monté en 2005. Je les aime et je suis heureuse de les retrouver. Puis, je fais taxi commun le soir avec notre directrice Bérangère, et sur le chemin du retour, j'apprends que la Comique a été déçue de mon silence.

C'est plus fort que moi. J'ouvre mon ordinateur au réveil et expédie, par mail, une suite de clés techniques à l'ensemble de la distribution, afin de retrouver la sève du spectacle pour les quatre dernières représentations. Remettre du sens. Remettre du rythme. Alléger. Jouer collectif. Réagir plutôt qu'agir. Servir le texte et retrouver le plaisir. Pur bon sens, au fond, mais avec la fatigue et l'usure des représentations qui se succèdent, il est normal que les acteurs perdent un peu le fil. Le metteur en scène est là pour observer, analyser, solutionner, et maintenir le spectacle dans sa véritable zone de brillance. Une suite de gesticulations n'a jamais constitué un spectacle vivant.

Riposte cinglante de la Comique, qui, en bonne analphabète, préfère s'offusquer de la vexation que mes « prises de tête » lui semblent constituer. La coupe est pleine. Si nous étions en direct, et si je ne craignais pas de déranger mes deux tout petits Magnifiques, je crois que je lui hurlerais dessus. Tant de bêtise, ça fatigue, à la fin. Mes doigts tapotent tout seuls la fin de non-recevoir qui s'ensuit logiquement. Les touches crépitent à la vitesse d'une mitraillette. Je suis désolée de constater que nous ne parlons définitivement pas la même langue, et que je n'y peux plus rien. Je n'ajoute pas : dégage définitivement de mon chemin, pauvre porcasse inculte, ordurière et sans classe. Tiens, c'est une réplique de la pièce. Oui... Un bon texte, à la longue, a tendance à renforcer les forts et affaiblir les faibles. Les mots, prononcés chaque soir, ont valeur d'incantation et peuvent transformer le réel, lorsque les psychismes en jeu ne sont pas suffisamment trempés. Le théâtre est un dévoreur d'âme, ce n'est pas un métier anodin. C'est un bras de fer, sublime et puissant.

Son mail se terminait par cette affirmation pompeuse : « Je ne vis que pour le public. » Erreur. En méprisant les indications de mise en scène, tu prouves que tu ne vis que pour ton propre chef, toi que le public ne connaît par ailleurs plus du tout et que nous avons ressortie de l'oubli général pour t'offrir un rôle surdimensionné. J'ai inventé un petit proverbe pour l'occasion : « Confiture aux cochons, doigt coupé dans le torchon ». De ta génération de babas cool collectiviste et fortement politisée dans les années 1970, il reste aujourd'hui une étrange proportion d'individualistes forcenés et obtus.

Je me dis soudain que cette planète est constituée d'un nombre infini de petites planètes à pattes, qui se croisent.

Chaque nouvelle intersection ratée laisse dans son sillage une déception. Une part d'humanité n'a pas pu s'accomplir. Ou encore, peut-être ne devait-elle pas exister.

Après tout, on n'a pas quatre bras.

... Six, peut-être ? Ce serait tellement bien ! Vivement l'échographie, moussaillons !

***

Dîner chez François qui attrape sa guitare et improvise une petite chanson douce pour les Magnifiques : « Restez, restez, on veut voir vos tronches et vos petits pieds... » Il part à Los Angeles pour deux mois seconder une actrice nommée aux plus grandes récompenses. Ensuite, au printemps, nous pourrons peut-être nous remettre à l'écriture de son long-métrage, commencée ensemble il y a deux ans et en souffrance depuis.

Lundi soir, c'est le réveillon. C'est aussi la dernière du spectacle. Ted est d'accord avec moi : je ne devrais pas aller au théâtre prendre le risque de me faire agresser par la Comique, dont la délicatesse de char d'assaut ne fait plus rire personne dans l'équipe. Nous n'irons pas non plus réveillonner avec les copains, histoire d'éviter les ambiances enfumées. Nous allons nous la couler douce chez moi, tous les deux, décongeler de bons petits plats, et laisser tranquillement 2012 devenir 2013 avec une montagne de films à regarder. Le luxe absolu.

***

Histoire juive. Une dame s'extasie sur le landau d'une jeune maman. « Oh mais qu'ils sont beaux ces jumeaux !

Comment s'appellent-ils ? — Eh bien, l'avocat, à gauche, c'est Jonathan, et le chirurgien, à droite, c'est Kevin. »

Ma copine Jojo m'envoie le clip de deux post-punks assez drôles, un français et un pseudo-américain à l'accent allemand. Humour minimaliste et voix pleines de cigarettes et d'alcool, très sexy. Si mes enfants deviennent chanteurs punks, je serai quoi ? Fière, ou inquiète ?

Jojo a trente-cinq ans, c'est une artiste douée et discrète, et la mascotte de toute une bande d'amis. Elle est atteinte depuis son jeune âge d'une maladie lente, invisible et incurable. C'est un soleil. Une merveille de cœur, de drôlerie, de dignité, de déconnade, d'indépendance et de sagesse. Une leçon à pattes, qui n'en donne à personne. Une grande dame qui doit peser quarante kilos toute habillée, une vieille âme dans un rire de gosse. Exemple absolu d'humanité faramineuse, Jojo est la preuve que la vie vaut toujours la peine d'être vécue, même avec son lot de saloperies.

J'ai dû m'y reprendre à deux fois pour faire les courses du dîner que je donne demain chez moi. Un premier caddie à roulettes à deux à l'heure, une grosse sieste, un deuxième caddie au magasin plus haut dans la rue pour que ça descende sur le chemin du retour. Sans déconner. Je suis devenue un tracteur soviétique, un bateau à pousser sur le goudron, une contrainte de temps à moi toute seule. Comme si on avait trafiqué ma boîte de vitesses pour laisser le levier coincé en première. Je ne me souviens pas d'avoir été aussi ralentie dans ma vie. J'ai été malade, comme tout le monde, je me suis blessée, j'ai dû porter des attelles ou des bandages, j'ai été hospitalisée plusieurs fois, mais là, je vous jure, ça n'a rien à voir ! La charge d'âmes pèse lourd dans la balance. Moi qui ai toujours mené de front une bonne dizaine de choses en permanence sur chaque journée, je suis devenue monotâche, avec un QI de moineau et un rendement de retraitée. OK. Le calme, ça va bien deux secondes. Enfin, neuf mois. Ensuite, j'exige qu'on me rende mes jambes, mon moteur, et l'ensemble de mes neurones.

Oui, je sais, toutes les mamans qui me liront rigoleront à cette dernière phrase. Tant pis. Chaque chose en son temps.

Pourvu qu'ils soient toujours vivants. Qu'est-ce que ça fout la trouille. Il y a quelqu'un ? Vous avez besoin de quelque chose, les enfants ? J'ai souvent des points légèrement douloureux qui circulent dans le ventre, je n'y connais rien, je n'ai plus de mère, je ne peux pas appeler mes copines à n'importe quelle heure non plus, alors j'espère que la multiplication des petits ronds turbine à double régime et pleine vapeur. Vite, DVD, DVD, des images, de la poésie, du voyage filmé, des dialogues, ne plus réfléchir. Mon ours se repose chez lui, il est à plat et doit recharger les batteries avant la rentrée qui sera, comme toujours, sur les chapeaux de roue. Il me manque, ce soir. Je le verrai demain matin.

J'essaie de me préparer psychologiquement à l'idée d'une éventuelle fausse couche, et de me dire qu'il suffira de retourner à Barcelone et que la deuxième fois, ça marchera forcément. Mais sans neurones, se préparer psychologiquement, merci du cadeau ! Je vais croiser les doigts. Ce sera plus facile.

***

Six jolis cadavres de bouteilles sont rangés ce matin le long de la fenêtre de ma cuisine. Le dîner d'hier soir était très réussi. Notre jeune prodige de producteur, Marc, Bérangère, directrice de la petite salle du théâtre et accessoirement maman de Marc, les acteurs Enrico, Pierrick, Hélène, et Didier, le fiancé d'Hélène, qui finit l'école de police et respire l'équilibre. Étrange comme je suis amenée à être en contact amical avec la police, ces derniers temps. Notre « fausse dernière secrète », fêtée en douce et en douceur chez moi la veille de la dernière, sans les éléments perturbateurs. J'ai réussi à faire la cuisine sans catastrophe, j'ai juste un peu noyé le riz du poulet thaï mais l'assemblée est indulgente. On s'empile joyeusement autour de la table déplacée pour l'occasion en plein milieu de mon petit salon, Marc a apporté en dessert une montagne de choux à la crème à se damner, et je suis si contente que je ne me rends même pas compte que je ne bois que du Perrier. Au détour d'un éclat de rire, j'en apprends encore de belles sur les manigances de la Comique durant les mois qui viennent de s'écouler, et il est établi d'un commun accord qu'il est sage, pour ma santé et le calme public, que je ne sois pas présente à la dernière demain soir. Tant mieux pour elle si elle en déduit qu'elle a finalement gagné la bataille incompréhensible et décérébrée qu'elle mène contre moi, son metteur en scène, qui l'ai installée là où elle est. Que cette expérience lui serve de passé, de présent et de futur. Le mien, de futur, je m'en occupe. Ma rencontre avec chacune des personnes présentes autour de cette table ce soir justifie amplement, si besoin est, le challenge qu'a représenté pour moi cette production. Je réfléchirai au calme pour en tirer les vraies leçons. Une chose est sûre : si je veux continuer à créer de grandes choses, il va falloir que j'apprenne à avaler les couleuvres un peu plus facilement. Sans mâcher.

Pour l'instant, on se marre bien et la soirée se prolonge tard. Mireille, le fox-terrier de Marc et notre mascotte à tous, est toujours aussi craquante.

Me souvenir que Didier souhaite me racheter mon scooter d'ici un mois.

***

Ted est du 1er janvier. Je lui ai offert au réveil une couverture en fausse fourrure comme la mienne, épaisse et douce, et il s'enveloppe immédiatement dedans comme un ours gourmand. Peau d'Ours et Peau d'Âne sont dans un lit bateau. On se radasse, c'est trop bien. C'est son anniversaire, c'est 2013. Au théâtre, le spectacle est fini, la dernière a eu lieu, sans événement notable finalement. *Life goes on*. Peau d'Ours pose sa main chaude sur mon ventre. Bonne année tout spécialement à vous, les Magnifiques ! On gagatise devant *Kirikou*, tome 2, un dessin animé sur un tout petit enfant qui résout les problèmes de sa tribu africaine. La cervelle et le cœur au repos. On se fait des pâtes sublimes, issues de céréales cultivées bénévolement sur des terres siciliennes reprises à la mafia. L'étiquette dit : Pasta Corleone. C'est Mimi qui m'a envoyé un colis d'Italie. Ce mouvement antimafia, malgré la peur, commence à mobiliser des énergies sur tout le pays, des juristes aux agriculteurs en passant par les étudiants et toutes les couches de la population. Si l'Italie peut reprendre son blé à la mafia, c'est que tout est possible, dans la vie, non ?

Le 31 décembre dernier, il y a un an, nous étions invités à un réveillon déguisé. Un peu pris de court, nous avions décidé au dernier moment de nous transformer en propriétaires de centrale nucléaire au Kazakhstan : cuir moulant et léopard, plusieurs paires de lunettes de soleil griffées, talons de pute et rouge à lèvres pour moi, chemise ultra-voyante pour Ted et bien sûr, chapkas fourrées. Le résultat était plutôt joyeux. Heureusement d'ailleurs que nous avions mis le paquet, car pour une fois, tous les invités de la soirée avaient suivi la consigne et il eût été parfaitement ridicule de débarquer en tenue de ville. Une fille s'était même déguisée en cabine de douche, une armature en fer arrimée à son dos pour soutenir le rideau en plastique. Un autre avait reproduit au feutre la célèbre robe du soir de la maîtresse de maison lors d'une remise de prix, et son petit copain était transformé en sac à main assorti. L'alcool coulait à flots et au petit matin, nos fidèles scooters nous avaient tant bien que mal ramenés à l'écurie.

Le temps où j'enfourchais mon cheval à tout bout de champ pour sillonner la ville me semble déjà lointain.

Quinze jours, à peu près. Comme je pense l'avoir mentionné plus haut, la chronologie, chez moi, est loin d'être une science exacte.

***

Le plus grand batteur au monde n'égalera jamais le son que je viens d'entendre. Le cœur de chacun de mes enfants. Qui bat la chamade, à une vitesse vertigineuse. Un son magique, émouvant, presque irréel. Comment, en six semaines, à partir de quatre petits ronds, une telle machine de guerre a-t-elle pu se former ? Le vacarme relayé par l'échographie est assourdissant. Une vraie boîte de nuit, là-dedans. Mes deux tout petits enfants, qui sont bien là, en pleine forme, logés chacun dans son cocon, côte à côte, ou plutôt empilés, si j'ai bien compris. Ils ont tellement bien bossé sur les petits ronds qu'on distingue déjà les têtes, les petits cordons... C'est dingue ! Le docteur me glisse tout de même gentiment qu'il ne faut pas s'emballer, le suspense va encore durer quelques mois, tout peut arriver. Mais il a confiance en moi, et moi j'ai confiance en vous. On va y aller bien tranquille tous les trois et viser la ligne d'arrivée. Prévue le 20 juillet, parce qu'avec des jumeaux, on déclenche l'accouchement avant terme, par sécurité. Et il semblerait que d'ici là je doive sérieusement oublier la notion de mouvement. Bon. D'accord. Maman va apprendre la patience. Tout ce que vous voudrez, pourvu que ça marche ! Je traverse le Trocadéro à pied pour retrouver ma voiture et je me sens plus haute et plus légère que la Tour Eiffel.

J'ai toujours rêvé d'avoir des jumeaux, et bien sûr, avec le temps, je croyais ce rêve mort à jamais. Encore une farce géniale du cancre aux manettes, là-haut. J'adore ce genre de blagues.

Tout le monde me dit de ne pas me priver. De manger ce que je veux. D'écouter mes envies, qui sont les vôtres, mes petits choux. Écouter mes envies ? Mais vous êtes dingues ! Vous offrez les clés du coffre au gang de la diligence ! Les fêtes ont été fatales, c'est Sugarland le Retour, et il faudrait voir à réduire la voilure, les gars. Je revisualise l'image stupéfiante du tout petit cordon ombilical vu à l'échographie et glisse bravement dans mon caddie des poireaux, des navets, du bon fromage et de la bonne viande. À prix d'or. Elle a bon dos, l'étiquette « bio ».

Après l'absence d'effort, le réconfort. L'oursonne repue retourne se vautrer dans sa tanière.

***

La France s'écharpe et se déchire pour savoir si oui ou non les homosexuels vont enfin avoir le droit de se marier. Plus exactement, si les lois du mariage pourront désormais s'appliquer à deux citoyens quel que soit leur sexe. Droits du mariage, mais aussi devoirs, et conséquences, du genre pension de divorce et partage des biens. En citoyenne disciplinée, j'essaie d'avoir un avis, je prête une oreille, mais honnêtement, je ne pense déjà pas grand-chose du mariage hétéro. Pour moi, c'est une institution datant d'une époque où les gouvernements pensaient contrôler les nations grâce à la cellule familiale, étape obligatoire, moyen efficace de cadrage des citoyens – et de leurs citoyennes asservies –, quadrillage du pays et de la propriété privée par les chefs de famille, sur qui on espérait pouvoir maintenir la pression pour toucher l'impôt, et accessoirement, les envoyer régulièrement à la guerre. Donc, si les homosexuels veulent se marier, je ne vois en effet pas pourquoi il faudrait le leur interdire, mais personnellement, grand bien leur fasse. Qu'ils s'inscrivent par le fait dans l'idéal napoléonien qui continue à sous-tendre la vie publique (je viens d'écrire « pubique », par erreur...) de notre grande nation. Moi, on ne m'en voudra pas, le progrès par le rétrogradage, je ne réussis pas à me sentir concernée.

Cela dit, si mes amis homos décident de fêter des mariages à l'avenir, super, on mettra des robes ridicules, comme dans tous les mariages, on boira comme des trous, on dansera des trucs indansables, on se gavera de petits fours, on sera ému à la mairie, et chacun, dans son for intérieur, fera des paris sur la date du divorce. Tout le monde adore les mariages. Surtout ceux des autres.

Un petit bois ne se déplaçant jamais sans sa horde de loups, ce débat sur le mariage gay en France a fait surgir un nouveau monstre du Loch Ness, à tel point que le gouvernement vient de décider de séparer les deux sujets, remettant le deuxième aux calendes grecques : le « droit à la PMA pour les couples de femmes ». Je viens de lire, texto, cette phrase dans les actualités. On ne dit pas : « le droit à la Procréation Médicalement Assistée pour qui le souhaite ou en a besoin ». Non. En France, on classe, on trie, on range dans des petites boîtes. La Procréation Médicalement Assistée serait réservée aux homosexuelles voulant élever un enfant. Aux homosexuelles mariées, de surcroît, car chacun sait qu'il faut se marier pour avoir des enfants. Et comme tout cela est hautement sulfureux et risque de saper gravement le moral de la nation, on s'empresse de repousser le sujet sous le tapis. Pauvre très, très, vieille France. Les Espagnols doivent bien rigoler à nous voir, en ce moment.

Enfin, il faut bien alimenter les émissions de télé aux génériques pompeux, réunissant au nom de la démocratie un plateau d'invités farouchement opposés les uns aux autres, trop contents de venir offrir leur visage et leurs opinions à la caméra. Gratuitement. Les marchands de ciment qui dirigent l'audiovisuel français l'ont bien compris : la vanité humaine fait gagner du temps d'antenne à peu de frais.

La coloriste du salon de coiffure, jeune mariée de vingt-deux ans d'origine portugaise, me raconte tout en travaillant la mentalité en vogue dans les banlieues dont elle est issue. Pas le ghetto, non. Juste les villes de la grande périphérie, accessibles au prix d'une heure de trajet en RER bondé. Il semblerait que pour les très jeunes filles, actuellement, la mode soit à faire des bébés. Sans doute pour ressembler aux *people* en mal de célébrité qui exhibent chaque semaine leur progéniture modèle dans *Voici*, la nouvelle bible de l'Hexagone. Pas de bébé avant vingt ans ? Tssk. Trop nulle, tu crains. On accouche à dix-sept, dix-huit ans. Pas de travail, pas d'études, pas de logement, pas d'avenir, la maman-enfant habite chez ses parents ; le papa, quand il existe, est installé chez les siens, on récupère les allocations et le bébé est rapidement laissé à la charge de la grand-mère ou autre tatie. Qui, elle, commençait tout juste à souffler d'avoir réussi à propulser sa propre marmaille jusqu'à l'âge adulte, malgré l'environnement de crise économique lourde. D'après ma jeune coiffeuse, qui a l'intelligence de s'en scandaliser, toute une génération de poupons vivants pour jeunes filles privées de futur est en train de naître. Que vont devenir ces enfants, une fois évanoui le charme de leurs fossettes de bébé ?

Pour parler deux secondes de choses futiles, être et rester une fausse blonde, toujours savamment décoiffée, est une entreprise bien plus exigeante qu'on ne l'imagine. Je passe des heures sur ce fauteuil de coiffeur, les cheveux enrobés de substances diverses, de couches de cellophane, auréolés d'un chauffage spécial, sous l'eau du bac, de retour au fauteuil... Bref, nous avons le temps de bavarder et ma petite coiffeuse est très volubile. Moi, heureusement que je suis assise. Apparemment, les femmes de la génération de sa mère (à savoir la mienne !) refusent désormais d'emmener leur fille chez le gynécologue pour leur faire prescrire la pilule, par peur d'admettre, tacitement, la possibilité que leur petite chérie ait des rapports sexuels avant ce putain de mariage. La virginité ou rien, trouve-toi un mari, n'importe lequel, et surtout tais-toi, je ne veux rien savoir. D'où, bien sûr, un nombre croissant de grossesses non désirées chez de très jeunes filles.

D'accord, moi et beaucoup de femmes de ma génération, dans les pays dits développés, nous avons souvent attendu très tard, trop parfois, pour penser à faire des enfants. Je connais un nombre impressionnant d'exemples autour de moi et j'en suis également la preuve vivante, moi qui ai eu droit à un rattrapage in extremis lorsque je n'y croyais plus. Filles de la pilule et de la libération sexuelle, nous nous sommes avant tout préoccupées de construire nos carrières et nos vies d'êtres pensants. Faire un enfant à vingt ans, lorsque j'étais jeune, était considéré autour de moi comme un symptôme d'analphabétisme aigu. Sans doute mal préparées à la notion de couple, nous avons connu de nombreux échecs affectifs avec des hommes en plein désarroi. Nous avons fait face au sida. Nous avons cru à la gauche, vu la droite revenir, cru que ça ne changerait rien, compris que si. Bref, nous avons pris possession tant bien que mal du monde qui nous entourait, nous avons poussé à l'extrême la liberté transmise par nos mères et nous l'avons payée le prix fort. Mais tout de même. Que s'est-il passé ? Comment le message progressiste que nous avons reçu, à la fin du vingtième siècle, s'est-il perverti dès le début du vingt et unième dans certaines couches sociales, au point de ce retour au Moyen Âge ? Lorsque j'ai vu apparaître les premières manifestations du mouvement Ni Putes Ni Soumises, il y a maintenant des années, j'ai été saisie d'angoisse. Comment de jeunes femmes, nées et éduquées en République française, pouvaient-elles avoir encore besoin d'affirmer de nos jours ce genre de statut ? N'était-il pas évident, et depuis longtemps, qu'une femme n'était ni une pute ni l'objet d'aucune manipulation masculine ? Je me souviens avoir signé leur appel dans une grande tristesse personnelle. Qu'étaient devenus les progrès gagnés de haute lutte par nos mères et nos grand-mères ? D'où venait ce retour de la connerie masculine, de l'oppression d'un sexe par l'autre, au nom de quel accès de débilité sociale ? Crise économique ? Crise identitaire ? Crise religieuse ? Crise de nerfs ou de rire ? Si seulement. Je ne suis pas sociologue, je ne lis pas assez les journaux, mais je crois juste que la peur, encore une fois, a eu le dessus. La peur ancestrale des femmes qui tenaille les hommes, dans toutes les cultures, dans toutes les religions, avant qu'on ne les éduque à la raison. Et, en retour, la peur des femmes de faire peur aux hommes, qui engendre leur soumission et la fragmentation de l'humanité en deux camps opposés. Que c'est désolant ! Déroutant. Insupportable. Débile.

J'ai peut-être, aujourd'hui, un début d'explication qui ne m'était encore jamais venu à l'esprit. Il y a un étrange sentiment de pouvoir à porter la vie en soi. C'est vrai, c'est indescriptible. La certitude que la vie se crée à l'intérieur de soi constitue une drogue très puissante, que certains hommes, dans leur faiblesse, peuvent peut-être envier aux femmes jusqu'à vouloir les enfermer dans de toutes petites cages, qu'elles soient faites de béton, de violence, de préjugés, ou de tissu noir ou bleu.

Peut-être. Pour en revenir à mon cas personnel, c'est chouette mais ça flanque quand même les jetons de sa race. Maintenant, plus tard, tout peut toujours aller mal, à tout moment. Un simple grain de sable et la machine s'enraye, la fausse couche se déclenche, le traumatisme se dépose, l'éducation ripe, la rage s'installe, la misère prend le dessus, la drogue glisse dans les veines, la guerre est déclarée, les bombes pleuvent, la famine se répand, la peste emporte le peuple. Il paraît que les crises de pessimisme sont liées aux hormones. Merci beaucoup. Solution habituelle, dodo, couverture en fourrure, affaires courantes, et puis Ted, ses bras, son calme, la rigolade ensemble. Retrouver la joie. Petites douleurs passagères, retour d'alerte rouge minime, tous les moyens sont bons pour convoquer l'angoisse à son poste de commande et la laisser tout dévaster sur son passage. En désespoir de cause, je me masse doucement le ventre au milieu de la nuit et je parle tout haut. Oui, je l'avoue, les chéris, maman a les chocottes de sa *life*, mais c'est normal, il faut le lui pardonner, et ne pas vous laisser détourner de votre but pour autant. La vie est faite de ça aussi, vous verrez, d'obstacles à surmonter pour y trouver l'adrénaline de l'action. Ça n'empêche pas l'amour, bien au contraire. Accrochez-vous, et s'il y a un peu de roulis en ce moment, tenez bon, ne lâchez pas vos gin-tonic, le videur du nightclub se charge des intrus et vous, les bébés, pas bouger. Vous restez bien au chaud à votre petite place de jumeaux. S'il vous plaît. Ramenez vos fraises de mini-choux, et une fois tous ensemble sur terre, on se débrouillera pour se la faire belle.

Une de mes prémolaires vient d'exploser, curieusement fendue en deux par la magie molle d'une tartine de fromage. Tu m'étonnes qu'elle me faisait mal, depuis des mois ! J'aurais dû me soigner avant de tomber enceinte, mais je suis comme tout le monde, je ne me rends chez le dentiste que sous la menace d'une arme à feu. Je passe donc une heure de cauchemar sans anesthésie chez un praticien dégoté au coin de ma rue, très méticuleux, qui annonce son intention de me changer la moitié des dents dès l'accouchement passé. Il semblerait que certaines de mes molaires soient en rupture de ban et que tous mes plombages soient obsolètes, fendus, troués. Vision d'hécatombe, soutenue par une caméra grossissante dont les images défilent sous mon nez froncé de trouille. Le dentiste-prothésiste est formel. Il faut remplacer tout ce vieux plomb par de la résine bien moderne. Et attention. Les bactéries des caries de maman ont de fortes chances de se propager à bébé dans le ventre, selon les dernières études. Oui, bon. Pour l'instant, on ne prend pas de risque avec une femme enceinte, alors pas de radio, pas d'anesthésie, maman n'a pas de carie, dégage ta caméra de mes crocs et je repars en courant avec un truc au fluor et un pansement de fortune sur ma dent cassée, histoire de remédier à mon sourire de sorcière. Pour tout le reste, on verra à la rentrée. Ah gla gla.

Une héroïne, je vous dis.

Durant la dernière phrase, je viens de dormir une heure. Soixante minutes de trou noir, une attaque soudaine de sieste, entre le pronom «vous» et le verbe «dis». Le docteur me l'a bien dit, les hormones de grossesse sont assommantes. Du fait de mon âge, on me les prescrit par voie externe pour les trois premiers mois. Je me demande si les doses ne sont pas un peu excessives... Vous me direz, une grossesse gémellaire, passé quarante piges, j'ai beau ne pas être en sucre, ça semble assez logique d'accuser le coup. Quel luxe de ne pas devoir répondre en permanence à des horaires fixes. Encore une liberté qui se paie cher, mais que j'apprécie tout particulièrement en ce moment. Je me demande comment font les femmes enceintes qui ont des boulots pénibles, jusqu'à leur congé maternité. Elles sont généralement beaucoup plus jeunes que moi, certes. Mais tout de même. Chapeau, les filles.

Je viens d'entrer, depuis hier, dans ma huitième semaine de grossesse. Plus que quatre et la terreur de la fausse couche sera derrière nous. Ça va être long.

Les fameuses nausées du matin sont toujours très légères, et plus marquées le soir.

***

Zeina et Mickael m'appellent de Dakar pour me féliciter. Mickael est le plus jeune frère de Ted, récemment parti s'installer au Sénégal. Mickael est juif, Zeina est d'origine libanaise et d'une autre religion dont personne ne parle dans la famille. Ce sont deux jeunes gens modernes, intelligents et ouverts. Leur mariage, célébré civilement il y a un an à Paris, était une formidable fiesta. Les deux papas, curieusement, se ressemblaient au point de pouvoir être pris l'un pour l'autre. Le petit Élias est né à Dakar il y a huit mois. En septembre, lors de leur passage à Paris, nous leur avions apporté le traditionnel cadeau de naissance, par un soir de pluie battante. Sur le paillasson de leur appartement, un prénom s'étalait en lettres rondes : Marguerite. Mon éternelle grand-mère fantôme poursuivait sa mission prosélyte... Ted était tombé gaga de son petit neveu, et c'était manifestement réciproque. Zeina s'inquiète au téléphone : « J'espère que les parents de Mickael n'ont pas commis d'indiscrétion en nous prévenant ? » Je ris. C'est le signe que ça leur a fait plaisir !

Vendredi dernier, Ted est passé me chercher pour aller fêter le Shabbat avant que ses parents ne repartent deux mois en Israël. À eux deux, ils totalisent six enfants, huit petits-enfants, plus de cent cinquante ans, un nombre impressionnant d'hospitalisations en tous genres, sans compter les engueulades quotidiennes ; et pourtant, depuis leur retraite, ils sont sans arrêt fourrés ensemble dans des avions pour sillonner le monde à tarif économique. Tout en roulant vers Gennevilliers, nous réfléchissons à la meilleure manière de leur annoncer la nouvelle. Ted préfère que ce soit moi qui prenne la parole. Il insiste aussi pour que je sois claire sur le fait qu'il n'est pas le père. « Dis-leur que je ne pouvais pas avoir d'enfants. » Je rectifie doucement : « Mais en fait, c'est que tu ne voulais pas, c'est ce que tu m'as toujours dit, chéri. » Malgré l'obscurité, il me semble distinguer que les larmes lui montent aux yeux. « Oui, peut-être. Je n'en sais plus rien. » En ce qui me concerne, si Ted décidait, même au dernier moment, de devenir officiellement le père de mes enfants, rien ne pourrait me faire plus plaisir. Je ne chercherai pas à lui imposer une décision, je l'aime trop pour ça et je respecte trop mes enfants à venir pour leur infliger un père réticent. Il sera de toute façon une présence aimante et bienfaisante pour eux. Je crois qu'il a peur d'être un mauvais père, du fait de son enfance chaotique, rythmée de coups de ceinture. Connaissant ses parents aujourd'hui, il me semble que cette éducation rêche et violente n'était motivée que par une seule raison, considérée à l'époque comme suffisante pour primer sur toute marque d'affection : il s'agissait de préserver cette famille immigrée de six enfants de la misère, et en cela, le parcours fut réussi. Après une tentative de restaurant peu concluante, son papa avait passé des diplômes et était devenu le comptable personnel d'un magnat du show business. Vive et énergique, sa maman a été toute sa vie représentante de commerce dans le textile, d'une rare efficacité. La violence a disparu avec la relative prospérité et la famille est restée unie. Cependant, chez Ted, les cicatrices laissées par la rudesse des tout premiers temps sont profondes, et la promiscuité familiale lui a toujours semblé insurmontable. Moi, j'ai toute confiance en son cœur, je pense que tout le monde a le droit de changer d'avis, aussi je suis contente que ce soit dit entre nous.

Le fait qu'il me soutienne dans ma grossesse est déjà un cadeau de la vie que je prends comme tel. Sans son amour, ce serait plus difficile.

Au moment du champagne, après le dîner, on éteint la télé qui hurle comme toujours dans le grand salon, j'annonce la nouvelle et toute la famille de Ted part d'une exclamation joyeuse. Il y a ses parents, deux de ses frères, sa nièce. On m'intime gentiment l'ordre de reposer immédiatement ma coupe de champagne, et comme d'habitude dans cette famille haute en couleurs, les rires et les plaisanteries fusent. Andrée se souvient d'avoir porté en Tunisie les jumeaux, frères cadets de Ted. « J'étais tellement grosse que je pouvais conduire ma voiture du bout du ventre et porter les rouleaux de tissu en les posant dessus ! Mais j'ai perdu vingt-quatre kilos d'un coup le jour de l'accouchement, tu imagines la joie... » La perspective de devenir une montagne continue à me faire un peu peur. J'ai tellement lutté toute ma vie contre mon poids, et avec si peu de succès la plupart du temps, qu'il m'est difficile de m'autoriser moi-même à enfler. Il faut juste que je me souvienne que ce n'est pas moi qui enfle, c'est vous qui grandissez. Moi, je suis la chambre, le garde-manger, la centrale électrique, et le moteur d'amour. C'est simple, au fond.

***

PMA : Procréation Médicalement Assistée. Petit Miracle Adorable.

***

Je jette de nouveau un œil, plus calme, aux échographies de la semaine dernière. Le deuxième enfant semble moins précisément dessiné à l'image, et la courbe des battements de son cœur est moins régulière que celle du premier. Le docteur a dit que c'est parce qu'il est plus difficile à enregistrer, du fait de sa position. J'espère qu'il n'a pas dit ça pour me rassurer, parce que ça ne marche pas du tout.

Les gens à qui je dois annoncer au fur et à mesure la bonne nouvelle, mes amis, mes proches dans le travail, se montrent généralement heureux pour moi. Mais certains se sentent obligés de me mettre en garde, comme investis d'une mission de démoralisation générale. « Des jumeaux, oh ma pauvre, tu te rends compte de ce que ça va être ? » « Oh là là, mais tu connais des gens qui ont des jumeaux ? Tu sais ce que c'est ? » « J'espère que tu as assez d'argent pour avoir de l'aide ! » Ma demi-sœur Agatha, au Canada, me laisse un message à la fois hystérique de joie et super flippant, du genre : « je sais combien c'est horrible d'être enceinte et je pense à toi ma chérie. »

Agatha a quatre ans de moins que moi. C'est la mère divorcée, puis remariée, de deux garçons de quatorze et neuf ans. Elle a d'abord fait de brillantes études internationales qu'elle a abandonnées pour devenir mère au foyer et suivre dans de tristes villes d'Amérique du Nord son médecin de mari, le fils des voisins de sa mère. Lorsque celui-ci l'a quittée, avec pertes et fracas, elle a repris ses études pour devenir professeur de français en maternelle. Elle vit désormais avec son nouveau mari, poète à ses heures, dans une petite ville perdue du Midwest canadien. Nous avons le même père biologique, qui ne s'est guère plus occupé d'elle que de moi. Nous ne nous sommes vues que très rarement dans nos vies, mais elle a toujours nourri beaucoup d'affection à distance pour moi, peut-être parce que sa mère est celle qui a séduit mon père alors même que je venais de naître. À l'époque, après des échanges de courrier d'une violence rare, ma mère avait finalement troqué la séparation brutale que réclamait mon père contre l'interdiction absolue de jamais revoir sa fille. Moi. Je n'avais pas encore trois ans. Maman et moi nous trouvions alors à Marseille, en vacances chez mes grands-parents, et nous n'avons jamais retraversé l'océan ensemble. Ses affaires personnelles, expédiées à la hâte du port de Vancouver dans de grosses malles bleues à ferrures de cuivre, ont été bloquées, et pillées, dès leur arrivée à Marseille, du fait d'une interminable grève des dockers. Ma mère a rapidement refait sa vie en France avec celui que j'appelle papa et qui nous a rendu la joie, mais je crois qu'au fond la colère n'a jamais cessé de la ronger.

J'ai tout de même revu au Canada ce père biologique fantôme. Une première fois lorsque j'avais dix-huit ans, le temps d'un étrange dîner organisé pour moi à Vancouver par des amis de jeunesse de ma mère. Au cours de cette soirée un peu surréaliste, tout le monde a obstinément parlé géologie, à ma très grande frustration. Moi, de toute façon, je ne parvenais à penser qu'à ma mère, dans son hôpital français, attachée à diverses machines et perfusions barbares dont la terreur froide m'avait tenaillée pendant tout ce voyage. On venait de lui retirer une première partie de poumon. Ce fut la première de plusieurs opérations douloureuses.

J'ai revu mon père biologique une deuxième fois, longtemps après le décès de ma mère. C'était il y a trois ans, accompagnée de Ted qui découvrait mon Canada natal. Accueillis à Vancouver dans la maison délabrée de hippies sortis d'un autre temps, nous avons parlé tant bien que mal avec un homme dont l'intelligence aiguë, contrecarrée par un mental en lambeaux, s'était depuis longtemps retournée contre lui. La maison n'était pas la sienne, mais celle d'un ami jardinier. Mon géniteur vivait, cette année-là, dans sa vieille voiture. En clair, il était SDF. Géologue de formation, scientifique inspiré jusqu'à l'erreur et lourdement paranoïaque, il n'a jamais perdu l'espoir de trouver de l'or, ayant apparemment mis au point une nouvelle méthode de tri des microminéraux, dont personne ne sait, et ne saura sans doute jamais, si elle est viable à l'échelle industrielle. Son inadaptation sociale, assortie d'un éternel anticonformisme adolescent, l'a fait dilapider la fortune familiale en projets miniers sans cesse avortés, jusqu'à tomber dans la misère absolue. Mon arrière-grand-père, probablement jugé ingérable par la bonne société anglo-protestante dont il était issu, avait été envoyé depuis l'île de Malte jusqu'au fin fond de l'île de Vancouver, encore essentiellement vierge, pour y faire fructifier une sérieuse fortune familiale. C'était un personnage mystérieux, mauvais garçon de bonne famille qui s'illustrait à la chasse au puma sauvage. Mais la famille prospérait dans l'élevage bovin et possédait deux immenses domaines sur l'île. Trois générations plus tard, tout a été perdu ou bradé par mon père et mon oncle, et ni moi ni mes sœurs ni mes cousines germaines ne pourrons jamais prétendre bénéficier d'un train de vie de riches héritières. En ce qui me concerne, je considère que c'est un bienfait du hasard. Je préfère largement avoir à construire ma propre vie, et ne la devoir qu'à moi-même.

Je dois avouer à la décharge de mon père biologique qu'au Canada anglais, il ne doit pas être difficile de céder à un anticonformisme aveugle. Lors de cette dernière visite, j'ai adoré revoir les paysages et la douceur de vivre de Colombie-Britannique. Mais j'ai remercié le ciel, et ma mère dans le ciel, de m'avoir élevée dans un pays aussi culturellement riche et paradoxal que la France. Au Canada, tout ou presque m'a semblé plutôt clair, défini, rationnel, net. Je serais sans doute devenue, moi aussi, dingue, punk ou hors-la-loi. J'ai encore à Vancouver des amis datant de ma petite enfance, dont je me sens très proche, et une cousine germaine qui a toujours été comme une sœur pour moi. Nous avons le même humour. Ils ont tous réussi à accepter le calme canadien, sans doute grâce à un amour démesuré pour le sport et la nature. Moi, le ski de descente par moins quinze dans des pentes à 90 degrés verglacées, j'adore. Mais à la télé.

Pour en revenir aux réactions à ma grossesse, un père de trois enfants s'est même écrié, « Ah ben là, c'est la fin ! » Je n'ai pas demandé la fin de quoi. J'ai changé de sujet. Eh oui, on est obligé de rester poli, par-dessus le marché. D'accord, ce ne sont que quelques réactions ponctuelles, émises par des parents sans doute un peu débordés par leur propre progéniture. Mais ce sont celles qui marquent, et qui font mal. Je me blinde. Je rétorque que, vu les épreuves que j'ai surmontées dans ma vie, et les prodiges d'organisation qu'il m'a fallu déployer, parfois pour des raisons beaucoup moins joyeuses que celles-ci, j'ai une confiance totale en ma capacité à gérer la réalité qui m'attend. C'est quoi, cette mentalité de Cassandre ? Tu es heureuse, ma fille, mais sache que ça ne va pas durer, le pire est à venir, tu verras. Allez, dégage, va jouer sur l'autoroute, bouffe ta mort aux rats, lâche-moi les ovaires.

Personne ne gâchera ce moment rare et tant attendu de ma vie. J'ai largement l'âge d'en profiter et je vous le dis, les jumeaux, on ne va pas se laisser emmerder.

Scandale. Un célèbre gynécologue parisien, spécialisé dans la PMA, est mis en examen pour avoir violé nombre de ses patientes pendant vingt ans. Heureusement, il ne s'agit pas du médecin qui me suit. L'omerta maintenue depuis des années par l'Ordre des médecins vient d'être brisée par quelques femmes aux avocats coriaces. Elles étaient violées par leur gynécologue, mais continuaient de le consulter. Eh ben. J'écoute tous ces témoignages à la télé, et je me demande comment on peut, tout de même, en arriver là. Désirer un enfant au prix de sa dignité la plus intime ? Il faut croire que la nécessité supérieure de faire perdurer la race humaine nous gouverne à notre insu. Les embryons humains sont les petits guerriers les plus puissants de la planète, sans cesse à la recherche d'un ventre qui les héberge. Qu'importe le flacon, pourvu qu'on vienne au monde ! Les enfants naissent comme le chiendent, même si ce n'est pas toujours là où on les attend. Le nombre est l'assurance statistique d'une proportion de qualité, à l'échelle de la planète. Charge à chaque parent-flacon, ensuite, de se rendre digne du fœtus qui a élu domicile en son sein et de le mener à l'âge adulte muni d'une conscience suffisante du monde qui l'entoure. La grande roulette russe de l'humanité...

Demain se termine la huitième semaine de ma grossesse gémellaire. Il me semble que je suis un peu moins fatiguée. Ou alors, je commence à m'adapter à mon nouveau rythme. Ou encore, les vitamines de choc prescrites par le médecin font leur effet. Ou bien encore, demain est un autre jour...

***

Plusieurs centaines de milliers de citoyens ont défilé ce dimanche dans Paris pour protester contre la perspective du mariage pour tous (entendre: «y compris pour les homosexuels»), et l'accès légal pour chaque femme à la Procréation Médicalement Assistée («entendre: y compris pour les homosexuelles»). En majorité, les cortèges étaient constitués des rangs serrés de la bonne bourgeoisie catholique française. Venus de toute la France, ils avaient cassé leur tirelire pour remplir trains et cars en direction de la capitale. Les visages indignés de tous ces bons parents homophobes accompagnés de leurs enfants surexcités de se sentir soudain importants, portant haut les couleurs de la famille napoléonienne avec des slogans du genre «Papa + maman = 1 enfant» ont été repris par les caméras de toutes les chaînes de télé. Par parenthèse, chacun sait que l'homosexualité n'existe pas chez les catholiques... Quant à leurs belles paroles sur la famille, je me marre. Comme si, de tous temps, et particulièrement dans les milieux bien-pensants, les mères n'avaient pas menti sur l'identité du père de leurs enfants. Comme si les amants n'avaient jamais pallié l'infertilité des maris. Comme si les femmes enceintes ne s'étaient jamais fait épouser en urgence par un gentil voisin. Comme si les femmes stériles de bonne famille n'avaient jamais récupéré en douce l'enfant de la bonne. Comme si, en conséquence, la généalogie était une science exacte. De qui se moque-t-on ? Jusque dans les familles royales, on a toujours régénéré le sang déficient par de bons bâtards vigoureux, élevés sous des couronnes de complaisance. Sans compter que papa a souvent eu tendance à abandonner sa première progéniture pour en refaire une autre plus ou moins officielle avec la baby-sitter, une cousette ou une hôtesse de l'air. L'humanité n'est qu'une vaste choucroute d'ADN en goguette, c'est le secret de Polichinelle ancestralement protégé par les mères de cette planète. Mais que ne dirait-on pas, que ne ferait-on pas, au nom du sacro-saint orgueil masculin ?

En Espagne aussi, il y a quelques années, les catholiques ont enflammé la rue. Et puis les lois progressistes sont passées. Et chacun s'est remis à vivre, exactement comme avant. À chaque famille ses valeurs, et voilà tout. Le roi d'Espagne, par exemple, continue de tromper sa femme, si l'on en croit les tabloïds.

***

Les betteraves, l'avocat, les pâtes, le pain blanc et le fromage de chèvre pasteurisé très doux, ça passe. Les yaourts sucrés aussi. Pour la salade, les tomates, la viande, je dois me forcer. Le poisson me rejette de l'autre côté de la pièce. Le fromage blanc nature passe sa date de péremption dans son pot intact. Mon stock de son d'avoine ne bouge plus de l'étagère. Des années de diététique volent en éclat. Laisse faire, suis la pente, ne force rien. Très bien. Advienne que pourra. Parfois, à n'importe quelle heure, une fringale violente me saisit, comme un petit crabe à l'intérieur qui aurait brutalement refermé ses pinces. Deux petits crabes.

***

Il y a des déserts qu'on est content de traverser. Eh ben voilà, j'y suis ! Les journées me paraissent interminables cette semaine. Je m'ennuie, toute la journée chez moi. Alors je sors. Mais au-dehors, au bout de vingt minutes d'activité ridiculement calme, je suis complètement épuisée. En plus, une sorte de froid polaire est tombé sur la ville. Donc, je rentre. Je téléphone, mais je ne peux pas non plus emmerder toute la journée mes amies, dont on ne peut pas dire qu'elles soient spécialement oisives. Qui se ressemble s'assemble. Je fais quelques mails. Je n'arrive même pas à entamer la pile de bouquins qui m'attend depuis un certain temps. La période est calme, je l'ai voulue comme telle. D'habitude, j'en profite pour m'asseoir avec délectation, un thé, un petit gâteau interdit, de la musique, mon ordinateur, des bouquins, et hop, démarrer un projet, traduire un texte, écrire quelque chose, goupiller des histoires. Mais en ce moment, je n'ai qu'un accès très limité à mon imagination, à mes neurones et ma capacité de concentration se réduit comme peau de chagrin. C'est une expérience horriblement frustrante. Au bout d'une heure ou deux de réflexion, je suis H.S. et bonne pour la télé. J'ai beau choisir mes programmes, me dire que j'enregistre de la matière pour plus tard, les hormones me tournent les sangs, je m'impatiente, je déprime légèrement, je trouve les films nuls entre deux siestes comateuses.

Cela dit, quand on tombe sur un vieux film de John Boorman ou de Robert Mulligan, on se rappelle pourquoi on trouve le reste nul. Le cinéma, quand il est bon, emporte tout sur son passage, il n'y a plus d'ennui ou de déprime qui tienne. Le tsunami vous roule dans l'écume, les yeux de Lee

Marvin vous lacèrent le cuir, Lee Remick illumine les étoiles, Steve McQueen subit sans broncher sa propre violence, et tout se tait.

Ted, lui, travaille comme une brute toute la journée en ce moment. Il coache à tour de bras des comédiens qui souhaitent améliorer la maîtrise de leur voix au micro, et rentre chaque soir exsangue. Il se marre en m'écoutant. « Tu n'as pas l'impression d'en faire assez comme ça ? Tu ne te rends pas compte que tu es en train de faire une chose formidablement difficile ? Tu veux quoi, monter plus haut que la montagne... ? » Bon, d'accord, coach. Je vais me taire et tâcher d'en profiter.

Cette période me fait prendre conscience que mon côté créatif est vraiment un cadeau du ciel. Voilà pourquoi j'ai toujours échappé à l'ennui. J'ai une usine à images dans la caboche... Pas forcément bonnes, d'ailleurs, et bien souvent absolument pas lucratives. Peu importe. Cette boule à facettes intégrée m'a permis de tenir, pour le meilleur et pour le pire. Je me demande si je saurai transmettre ça à mes enfants. Je me souviens de l'air étonné de ma mère, alors que je devais avoir vingt-cinq ans. J'avais choisi mon chemin, et au prix de nombreuses engueulades et d'un an de brouille totale avec ma famille, j'avais finalement pris la voie du spectacle, de façon inconditionnelle. Maman était déjà très touchée par la maladie, elle était installée dans son fauteuil et je lui parlais tout en composant l'affiche de mon prochain spectacle. Photoshop n'était pas encore entré dans ma vie, je découpais des photos et les assemblais manuellement. Ma mère m'observait en souriant, et avait eu cette phrase étonnante : « Je ne comprendrai jamais comment j'ai pu mettre au monde une artiste». Perplexe, j'avais relevé la tête: «Moi non plus, maman...»

Il faut que je pense à poser une question au médecin. L'ADN d'un individu est-il entièrement contenu dans les deux cellules originelles qui se sont assemblées pour lui donner vie ? Ou bien continue-t-il de se constituer tout au long de la grossesse ? En bref, qu'est-ce que ça mange, l'ADN, de quoi ça se nourrit ? Je me passe doucement la main sur le ventre. Ne vous inquiétez pas, les bébés. Maman traverse de petites phases de réflexion, mais c'est entre elle et elle, ne perdez pas de temps avec ça, faites ce que vous avez à faire. Le chantier est suffisamment conséquent et vous êtes la priorité absolue de la galaxie qui vous entoure en ce moment. Prochain verdict le 24 janvier pour l'échographie. Je veux vous voir tous les deux présents à l'appel. Le lit au carré et le paquetage bien rangé ! Oui. Je regarde toujours pas mal de films de combat, parfois vaguement militaires, pour le projet de scénario avec Dan. Beaucoup de daubes, mais quelques chefs-d'œuvre. Le doute revient, et persiste, sur les options de narration à prendre pour notre sujet. Dan vient travailler cet après-midi. Espérons que je vais tenir le coup, suffisamment pour faire avancer un peu l'histoire. Je ne suis pas du tout sûre de moi. L'écriture est faite de ça, il me semble, et c'est une sacrée épreuve morale et même physique. L'alternance de phases enthousiastes où tout s'éclaire et d'autres où chacun des édifices construits s'écroule soudain sous vos yeux. Une simple question de détail posée un matin suffit à vous faire douter de l'ensemble. À ce que j'ai pu lire çà et là, de nombreux auteurs, – des vrais, je veux dire –, évoquent ce bras de fer épuisant entre le clavier et la matière, avant que celle-ci n'accepte de devenir vivante. C'est, au fond, une forme de gestation. Il n'y a aucune raison que celle-là s'accomplisse sans en payer le prix.

Mais bon, c'est encore plus crevant lorsqu'on tente de cumuler deux types de gestation à la fois ! Chacune des deux créatures se dispute le monopole du système créateur mis à disposition... Et comme souvent dans la nature, c'est le petit d'homme qui gagne. Résultat, j'ai la tête creuse.

Je crois que mon nouveau voisin du dessus est compositeur de musique pour boîtes de nuit. Depuis mon canapé, je baigne dans sa grosse caisse électronique. Encore quelques mois et les jumeaux vengeront maman...

***

Il neige soudain à gros flocons sur Paris ce week-end et ça suffit à me rendre ma joie de vivre. Ted m'emmène au Max Linder voir le dernier Tarantino sur écran géant, nous prenons un bus dans Paris tout blanc, ensuite un chocolat chaud sur les grands boulevards. Ça fait longtemps que nous n'avons pas réussi à voler un peu de temps ensemble pour flâner dans la ville et c'est un moment bien doux. Nous passons jeter un œil au restaurant que possédaient ses parents quand il était petit. C'est une de ces cours parisiennes, une ruelle de traverse en fait, sur laquelle donnent de nombreux hôtels ainsi que l'entrée des artistes d'un beau théâtre. Petit, sa famille enfin réunifiée après l'exil douloureux, Ted jouait avec ses frères dans la cour. Ils observaient en douce les actrices qui entraient et sortaient, amusaient les concierges d'hôtel avec leurs petites bouilles de garnements tout bruns et connaissaient en détail la moindre vitrine du quartier. De vrais petits parigots des années 1960, tout droit arrivés de Tunisie. Et puis le restaurant a dû être vendu et ce fut la fin de l'âge d'or pour les enfants.

Le dimanche matin, je suis debout très tôt, je glisse mes pieds dans mes bottes en mouton et je file dehors acheter le petit déjeuner. La couche de neige est fraîche, le manteau blanc encore immaculé crisse sous mes pieds, l'air est vif, le silence absolu, le pain tout chaud, la vie est belle et si je ne me souvenais pas que je suis une adulte responsable, avec charge d'enfants en cours de fabrication par-dessus le marché, je ne serais pas contre une bonne bataille de boules de neige. Au retour, je croise quelques parents courageux qui ont déjà cédé à l'appel de leurs bambins : tout comme moi, les petits n'ont eu qu'une envie ce matin, bondir dehors et profiter de la beauté du paysage. Paris sous la neige, c'est magnifique, même si ça ne dure jamais bien longtemps.

***

« C'est merveilleux, non ? » Le pistolet de l'échographie fermement appuyé sur mon ventre, le médecin est aussi heureux que moi d'entendre deux fois de suite le raffut caractéristique retransmis par la machine. On a capté les deux petits cœurs, salué chaque enfant lové dans son cocon. Je distingue déjà comme de petits pieds, une forme humaine très nette. Neuf semaines, cinq centimètres chacun ! Ils se sont bien sagement répartis le terrain, l'un à gauche, l'autre à droite, côte à côte, assez près pour se raconter des histoires le soir, mais sans non plus se marcher dessus. La dernière fois, ils étaient un peu empilés, mais entre-temps ils semblent avoir compris qu'il était préférable de s'organiser. Mes enfants sont déjà des génies.

D'ici quinze jours, la mesure des nuques permettra de détecter une éventuelle trisomie 21. Le risque est faible, mais la perspective reste flippante. Que fait-on dans ce cas-là ? Un « avortement thérapeutique », c'est ça le terme ? Mon Dieu en qui je ne crois pas, protégez-moi… Bref. Chaque chose en son temps.

Notre capital génétique est tout entier contenu dans la cellule originelle, formée de la rencontre entre l'ovule et le spermatozoïde décisifs. Mais ce simple paramètre ne suffit pas à définir une personnalité. L'ensemble des gènes présents au départ dans la spirale vitale va devoir s'organiser, se structurer, se hiérarchiser pour former le paysage définitif du petit être humain qui se révèlera à la naissance. Certains gènes vont devenir prédominants, d'autres rester inutilisés. C'est d'ailleurs en partie ce qui pourrait expliquer les différences de personnalités chez les vrais jumeaux, dont l'ADN est a priori identique.

La recherche scientifique en épigénétique met actuellement en évidence le rôle crucial de la mère porteuse dans la constitution de cette sélection génétique chez le fœtus. L'échange intime qui se déroule en permanence entre le bébé et sa mère influence, voire contrôle, l'organisation du paysage génétique de l'enfant. Ainsi donc, me promet le médecin, vous verrez que vos enfants vous ressembleront ! Ma première réaction est de les plaindre en rigolant… Je repars du cabinet médical le cœur léger, comme à chaque fois. Décidément, l'affaire des jumeaux avance bien. J'ai enregistré le bruit de leurs cœurs qui pulsent intensément, je garde précieusement les fichiers pour faire composer un morceau de musique basé sur une boucle de cet incroyable ramdam. Le bruit que ça fait !

Ils doivent en avoir plein les oreilles, chacun dans sa bulle. Au fait, à quel âge a-t-on des oreilles ? Et est-ce qu'ils entendent ce qui se passe dans la bulle voisine ?

La joie augmente, la fatigue aussi. En gros, je ris de me voir si naze en ce miroir. Une baleine échouée serait plus gracieuse le matin, je me fais marrer toute seule. Le médecin m'a confirmé que j'aborde le mois le plus pénible mais que ça va s'améliorer. Je devrais bénéficier de quelques semaines de répit avant la, quoi, disons la « montagnisation » définitive des dernières semaines. Aujourd'hui, mes bébés mesurent cinq centimètres chacun. Je n'ose pas imaginer ce qu'il adviendra de moi lorsqu'ils en feront chacun quarante de plus. Le médecin m'a également prévenue qu'il serait bon de m'organiser pour pouvoir rester alitée sans permission de sortie les deux derniers mois. Deux mois sans bouger ? La vache. Bon, bon. On va chercher une aide-ménagère... Et prévoir les travaux d'aménagement des chambres au printemps, pendant la courte période de validité prévue.

Je viens de voir au théâtre un magnifique monologue interprété par un jeune acteur français récemment échappé de la Comédie-Française. C'est une parabole datant des années 1960 sur le parcours d'un simple d'esprit, un « bienheureux », disait-on alors, dont les médecins vont trafiquer le cerveau pour tripler son quotient intellectuel. L'expérience est menée en parallèle sur une souris et sur cet homme. Malheureusement, le résultat suit dans le temps une courbe de Gauss, en forme de montagne symétrique : à la suite de l'opération, la redescente du pauvre diable vers le point zéro s'effectuera à la même vitesse que son ascension vers l'intelligence. La souris, sa compagne d'expérience, finira par mourir.

Il ne restera à ce simple d'esprit que le souvenir amer de n'avoir pas toujours été aussi cruellement limité. Je félicite chaleureusement l'acteur pour la finesse et l'élégance de son interprétation, d'autant que cette histoire de souris blanche me parle étrangement. Je sens bien que j'ai amorcé la fameuse courbe de Gauss, moi aussi, mais en commençant par la deuxième moitié! J'avance lentement mais sûrement vers un QI de souris blanche... J'en rigole, mais il est vrai qu'en ce moment, je dois me surveiller comme le lait sur le feu pour ne pas accumuler les étourderies.

Le lait sur le feu. Bien sûr. Celle-là aussi, ma psy va l'adorer.

***

J'oubliais. Ma pote Justine m'a laissé un message. Elle a rêvé que j'avais un fils, et que je me demandais si je devais l'appeler Bassiste ou Maciste. *No comment.*

***

On est dimanche, je viens de faire au téléphone le point complet sur ma santé, mon moral, la vie, l'amour, les conneries et la rigolade avec Mimi en Toscane, qui prévoit déjà de prendre les jumeaux en stage d'été sous les oliviers avec tonton Carlo. Je reçois une photo de leur fils Phong, neuf ans, qui, venant d'apprendre que je vais être doublement maman, fait le signe de la victoire comme si l'Italie avait gagné la Coupe du monde de foot. En raccrochant, je retourne à mes aubergines qui mijotent dans la tomate (l'avantage d'acheter des légumes bio au prix du pétrole de schiste, c'est qu'on finit par se sentir obligé de les cuisiner au lieu d'attendre qu'ils soient pourris pour les jeter), et je me dis soudain en pensant aux deux petites merveilles que je porte enfin : « La science n'est pas le contraire de la patience... »

J'ai aussi pensé en me réveillant péniblement ce matin, à midi pour être exacte, après tout un samedi d'oisiveté absolue : « C'est vraiment extraordinaire d'être fatiguée à ce point. » Si Hercule avait été une femme, je veux bien parier qu'il aurait dû cesser les travaux pendant neuf mois. Et encore, moi, je n'ai pas d'enfants plus âgés qui réclament leurs frites à cor et à cris avant de se disputer pour la Wii et de casser le vase que je viens tout juste de réparer.

Oui. Ça viendra, je sais.

***

En fait, une fois que je suis en rendez-vous, mon cerveau semble accepter de fonctionner normalement. Ce qui est difficile, c'est de trouver la force d'y aller, et plus encore, celle d'en revenir... Je suis devenue la reine des bus, j'en connais déjà deux qui passent près de chez moi. Bref, si le sujet m'intéresse, les réflexes acquis au cours de toutes ces années me servent de moteur. Je peux continuer à fomenter de prochaines aventures. Vendredi, nous avons organisé la première lecture du projet autour de la maternité. Dit comme ça, ça a l'air franchement tarte, mais le texte américain est malin, l'équipe est bonne à une exception près que je vais résoudre, et en bossant un peu sur l'adaptation, il y a sans doute moyen d'en faire un truc suffisamment rock et drôle pour que ça m'intéresse. Et je rentre à l'instant d'un rendez-vous avec un acteur rencontré sur un tournage et qui souhaite s'attaquer à un monologue anglais que je lui ai fait lire. Bonne nouvelle, car le morceau est complexe, mais absolument éclatant et s'il s'accroche, on devrait pouvoir monter une belle performance. Le tout pour 2014, parce que, grossesse ou pas, le théâtre, ça prend du temps.

Ted n'arrête pas de me dire d'y aller mollo. Mais il le dit en riant. Il me connaît. Et honnêtement, en ce moment, je suis à deux cents pour cent de mes possibilités de freinage. Plus, ce serait inhumain.

Des centaines de milliers de personnes ont défilé dans les rues de Paris ce dimanche, cette fois afin de militer pour le mariage pour tous, et non plus contre. La réponse du berger à la bergère. Il paraît que les pour, à savoir les connardophobes, étaient bien plus nombreux que ceux de la semaine dernière, les contre, les homophobes. C'est rassurant, tout de même. Quant à moi, désolée les gars, mais j'ai raté la manif pro-PMA pour cause de PMA, ce qui est d'un chic ultime, quand on y pense. Mais franchement, je me demande encore ce qu'on en a à carrer, de ces histoires de mariage. Laissez donc les gens se marier, avec qui ils veulent, qu'est-ce que ça peut bien faire ? Votez-les, ces putains de lois. Et dans chaque bord, tout le monde y va de son petit couplet plus ou moins logique. Notre « première dame », Valérie Trierweiler, qui n'est pas mariée au chef de l'État et élève avec lui, dans le péché le plus total, une multitude d'enfants issus de leurs précédentes unions respectives, est en première ligne des militants pour le mariage pour tous. On en rigolerait presque si le camp adverse n'était mû par la haine et l'imbécillité.

La crétine qui s'est mis en tête de représenter le mouvement anti-mariage pour tous porte un pseudonyme hallucinant, Frigide Barjot, maquillée à outrance, faussement cool et vraiment réac, artiste indéfinie, elle fait plutôt pitié et on se demande comment tous ces bourgeois bien-pensants ont pu accepter un épouvantail pareil comme porte-parole. Cela dit, il semblerait que son mari, lui aussi bien en vue dans le monde du show business, ait choisi, en réaction, de manifester dans la rue contre son propre mariage personnel. Si c'est vrai, c'est assez drôle.

***

Eh... Dites donc les bébés, c'est quoi cette nouvelle mode ? Je vais me réveiller comme ça à cinq heures du matin toutes les nuits ? Quelle que soit l'heure à laquelle j'ai réussi à m'endormir ? Ce n'est pas un peu tôt pour les horaires biberons ? Et est-il vraiment normal que, lorsque je me passe doucement la main sur le ventre, et que je vous parle gentiment pour que tout le monde se rendorme, je vous sente sourire, chacun posé dans son petit nid, oui, sourire, de grands sourires merveilleux qui me font fondre le cœur ?

À l'œil nu, habillée, je n'ai pas encore l'air d'une femme enceinte. Les quelques kilos que j'ai pris (entre parenthèses, pour l'instant, c'est beaucoup moins catastrophique que je ne l'appréhendais) se sont répartis un peu partout, et les pulls et les manteaux se chargent d'égaliser ma silhouette. Pourtant, pour une raison mystérieuse, les gens se sont soudain mis à être incroyablement gentils avec moi. Je conduis la voiture dans un garage pour faire réparer un pneu qui fuit depuis longtemps. C'est une chaîne très connue et ça va me coûter bonbon, mais c'est près de chez moi, et je suis prête à me faire arnaquer au besoin pour ne pas mettre ma... notre santé en péril. À ma grande surprise, le mécano démonte ma roue sur-le-champ, teste, nettoie la jante, remonte, c'est réparé, le pneu n'était pas défectueux, mais avait été monté négligemment dans un garage précédent, créant une petite fuite, voilà madame! Ravie, je récupère mes clés pour passer à la caisse, et là, allez savoir, le patron refuse de me faire payer. Je tente d'insister, pas moyen, j'en suis quitte pour un gros pourboire au mécano. Un garage qui ne facture pas les réparations, honnêtement, à qui ça arrive? Et tout à l'avenant. J'attends mon bus, il pleut, j'ai grimpé sur le petit rebord d'une vitrine pour m'abriter. Je dois avoir l'air dans la lune, parce qu'une passante joviale, descendant la rue à grands pas, m'adresse un grand sourire: « Le voilà, votre bus! » Les Parisiens apprécieront la rareté de ce genre de petite attention spontanée. Ou encore, j'ai rendez-vous au Pôle emploi (c'est-à-dire au chômage) pour ma réinscription (je vous raconterai peut-être plus tard les joies administratives de l'intermittence du spectacle). Ils ont encore changé tous les postes et je suis certaine que je vais tomber sur une employée grincheuse et autoritaire, qui ne comprend rien à notre régime spécial, rendu ultracomplexe par les réformes successives. Du genre de celle que j'ai eue au téléphone lors de la prise de rendez-vous. Le dossier que je reçois à remplir me conforte dans mes appréhensions, rien n'y est adapté à notre métier et je me prépare au pire. Eh bien. À peine assise dans la salle d'attente, un jeune monsieur réjoui vient m'accueillir en me tendant une main franche et sympathique. Non seulement il est spécialisé dans les intermittents et règle l'ensemble de mon dossier en deux coups de cuillère à pot (j'adore cette expression), mais en plus il a, par hasard, vu et adoré mon dernier spectacle, et bref, le rendez-vous se termine par une visite guidée de toutes les infrastructures créées par Pôle emploi pour faciliter gratuitement la vie des artistes, les castings et les lectures de production : une magnifique salle de danse, des salles d'audition dont une avec fond bleu, un auditorium... Pour finir, en rentrant chez moi, je décide sagement de prendre le métro, il n'est pas bondé, j'ai une place assise à chaque changement, c'est presque trop beau pour être vrai. Et pourtant. La journée se terminera aussi bien qu'elle a commencé. En douceur. De bons amis me rendent visite, je travaille le texte du projet théâtral sur les bébés, je parle longuement au téléphone avec mon chéri, je me nourris de fromage hollandais et je m'endors tranquillement devant un vieux *James Bond*. Je suis gâtée par la vie.

Je crois que c'est parce que, grâce à vous, les bébés, je souris sans arrêt dans un coin de ma tête. Il suffit que je pense à vos deux petits corps en train de turbiner tranquillement sous mon nombril, et mon cœur se soulève de joie. À partir de maintenant, si jamais un problème devait survenir, ce ne serait plus un simple accident de parcours. Ce serait une tragédie. Je vous aime déjà. Nous venons d'entamer notre onzième semaine de vie commune.

***

Au Congo, je l'ai entendu ce matin à la radio au réveil chez Ted, les jumeaux portent bonheur. Lorsque des jumeaux naissent, toute la famille, proche et élargie, se rassemble pour composer un registre musical spécial pour les nouveau-nés. Trois mois de musique originale pour fêter le bonheur d'avoir des jumeaux !

***

Je me suis décidée à acheter «ze» bible des jeunes mamans, le fameux livre ultraconnu réédité chaque année depuis les années 1970. Le chapitre sur la PMA y est très succinct et on sent l'auteur légèrement mal à l'aise. Bon. Je me contenterai des conseils de nutrition, qui n'ont rien de révolutionnaire («Mangez équilibré» – han, je n'y aurais pas pensé!), et de quelques trucs et astuces glanés ça et là. La Sécu, les allocations, je viens de recevoir des tas de dossiers à remplir pendant ma grossesse et j'ai une tonne de paperasse sur le gaz, mais aussi une flemme proportionnelle à l'énervement de devoir tenter de rentrer ma vie au stylo-bille dans des cases administratives qui, une fois de plus, ne correspondent en rien à ma réalité. On verra d'ici quelques jours. Il n'y a pas le feu et je finirai bien par trouver le courage d'attaquer la falaise. Apparemment, en tant que maman de jumeaux, j'ai droit à une durée fabuleuse de congé maternité, plus de trente semaines. Encore faut-il que j'aie aussi droit à une indemnité. Bref. Parlons de choses plus drôles.

Des études auraient récemment prouvé que la pollution de l'air dans les couloirs du métro est encore pire que sur le boulevard périphérique. La densité de particules fines dangereuses pour la santé y serait énorme, du fait des frottements des machines et autres phénomènes mécaniques. Je me permets de ricaner poliment, excusez-moi. «Prenez les transports en commun», nous bassine-t-on depuis des années, au nom de la santé publique et de l'écologie. Bon. Alors maintenant qu'on sait que le métro est toxique, qu'est-ce qu'on fait? Je dois être honnête. J'ai toujours eu une profonde aversion pour le métro, tout en reconnaissant ses bienfaits dans une grande ville. Et je suis parfaitement consciente que le réseau du métro parisien est sans doute l'un des meilleurs du monde. Mais désormais, je vais enfin avoir une bonne excuse pour rester à l'air libre !

***

OK. Alors non seulement c'est réveil à cinq heures, mais c'est aussi insomnie générale le soir. Évidemment, à force de me préserver toute la journée, je ne suis plus assez détendue pour dormir la nuit. Après avoir regardé trois films d'affilée, je me décide à éteindre la lumière. Cause toujours, tu m'intéresses. Et comme c'est la nuit, que Ted n'est pas là ce soir, que je n'ai pas grand-chose en tête, l'angoisse resurgit. La baleine noire a trouvé le créneau, elle fait son show, c'est le grand Marineland du flip et de la peur. La peur de quoi, je ne sais pas trop, ça se mélange avec quelques souvenirs d'enfance n'ayant pas encore trouvé leur place dans le dossier « affaires classées », bref, tout ça est une mauvaise mayonnaise et je rallume la télé. Et je tombe, directement, sans zapper, sur un reportage en cours, intitulé : « le mystère des jumeaux »... Eh oui. C'est comme ça, ma vie.

L'essentiel du reportage concerne les jumeaux homozygotes, mais présente également les dernières recherches en épigénétique, venant éclairer et alimenter le fameux débat sur l'inné et l'acquis. On constate, par exemple, que chez les jumeaux des générations précédentes, élevés à l'identique, habillés pareil, jamais séparés, très peu ont réussi à mener des vies professionnelles et sentimentales personnalisées. Ainsi, ces deux vieux jumeaux paysans, toujours célibataires et dormant ensemble à la ferme dans le même lit. Alors que chez les plus jeunes, dont les parents ont fait attention à développer en douceur leurs deux personnalités distinctes, l'intégration à la société de chacun des jumeaux a été beaucoup plus simple. Chacun voit en l'autre non pas un double, mais bien le prolongement de lui-même. Ils ont cependant réussi à fonder des familles, construire des carrières distinctes, tout en restant unis et proches. L'importance de l'éducation reçue, dans ce cas, est primordiale. Le capital génétique n'est pas une fatalité, n'en déplaise à nos ancêtres les tragédiens grecs.

En anglais, pour différencier jumeaux homozygotes et hétérozygotes, on dit : «*identical twins*» / «*fraternal twins*». «Jumeaux fraternels», c'est tout de même plus joli que «faux jumeaux».

***

Dimanche, reprise des enregistrements en studio avec Sam, le moral remonte et les insomnies passent au second plan. Pas mal de pain sur la planche pour moi sur cette session, beaucoup de textes ont besoin d'être revus et remaniés, et moi je ne demande pas mieux.

Le mercredi, je vois mon médecin pour une visite de contrôle. Il prend la mesure des os des bébés et après divers calculs me dit que le risque de trisomie est tout à fait réduit, les mesures sont dans la norme. Pourtant, je le trouve moins enthousiaste que d'habitude. Il est peut-être fatigué. Il me conseille de m'inscrire à la fois dans la clinique privée où lui-même accouche et à l'hôpital public en cas d'accouchement prématuré. Me demande si le travail que j'effectue en ce moment n'est pas trop fatigant. Et insiste sur le fait que je dois me ménager.

Ce que je songe vraiment, sincèrement, à faire.

***

Et puis... C'est l'accident. Si ce récit doit être à l'eau de rose, alors ce seront des roses rouges. Rouge sang.

Je me suis soudain retrouvée, hier soir, par un sale vendredi, dans un studio de musique de Suresnes, la source dévastée d'une sorte de fontaine rouge inondant mes jambes, assortie pour faire bonne mesure d'une fontaine de larmes inondant mes joues. Par le hasard de la vie, le studio se trouve à cent mètres exactement de l'entrée des urgences d'un grand hôpital très moderne. J'ai eu de la chance dans mon malheur.

Il m'a fallu moins d'une minute pour attraper mon sac et ma parka (le froid polaire est revenu), marmonner une vague excuse à l'équipe médusée, filer jusqu'à la grande entrée blanche et me précipiter sur le monsieur de l'accueil des urgences de l'hôpital. Lequel n'a fait ni une ni deux, m'a attrapée par la main, entraînée devant la foule des patients en attente, fait descendre deux étages et confiée séance tenante aux urgences obstétriques, traversant en flèche une deuxième salle d'attente bondée.

Ensuite le rythme est devenu différent, c'est-à-dire très lent, puisque nous sommes aux urgences. Après plusieurs auscultations, prises de sang et heures d'attente, nous apprenons qu'il s'agit probablement d'une rupture, ou d'une fissure, de la poche des eaux. L'échographie un peu floue montre cependant, à une heure du matin, mes deux petits chéris bougeant tranquillement, chacun dans son cocon encore plein. Mais aucun pronostic ne peut en être déduit. Je m'effondre en larmes et suis hospitalisée. Les garçons du studio m'appellent régulièrement, très inquiets.

Ted est accouru à mon chevet et sa présence douce et calme m'aide à tenter de positiver. Il n'y a ni statistiques ni règles dans ce genre de cas. La gynéco des urgences, qui, à son accent, pourrait venir de Roumanie ou d'Espagne, le formule très simplement : à l'arrivée, il pourra vous rester un bébé, ou deux, ou zéro. Il faut observer et attendre. Nous allons vous hospitaliser. Bonne nuit...

Bien plus tard, Ted sort fumer une cigarette au milieu de la nuit. En me retrouvant, toujours affalée sur mon brancard au milieu du couloir des urgences maintenant désert, ensevelie sous mes sacs et autres manteaux, il sourit. « Alors, pas plus de brancardier que d'épinards en branche ? » Ce qui, sans raison particulière, a le don de me faire éclater de rire, enfin, après les sanglots d'angoisse. On parle en souriant aux jumeaux : « Pssst ! Repère le petit trou et mets ton pied dessus pour arrêter la fuite... »

Le brancardier, rutilant dans sa blouse blanche, met trois heures et plusieurs coups de fil des internes à se souvenir qu'il nous a oubliés. Au beau milieu de la nuit, désireux sans doute de faire savoir à la cantonade qu'il fait correctement son travail, il réveille consciencieusement la pauvre dame alitée dans la chambre double que je vais devoir partager en allumant toutes les lumières, claque très fort les montants du lit et manipule son matériel avec la finesse d'un hippopotame en charge. Puis il rigole ouvertement quand je lui propose de passer seule du brancard au lit. « Vous ne pensiez tout de même pas que j'allais vous porter ? » Trop aimable, pauvre type.

Je me cale dans le lit d'hôpital, moderne et confortable. Mon Ted épuisé peut enfin récupérer la voiture et rentrer se coucher. Il est plus de quatre heures du matin. Les saignements semblent diminuer en position allongée. Je soumets au soulagement de l'antidouleur mon bras meurtri par la perfusion (l'infirmière des urgences s'y est reprise à deux fois, avec un pieu en guise d'aiguille et deux mains gauches pour planter le cathéter dans le creux de mon bras, au seul endroit qui fait vraiment mal), et j'avale avec reconnaissance le léger calmant qu'on me propose. Dormir, ne pas réfléchir, on verra demain.

L'interne de jour en gynéco est une jeune pimbêche des beaux quartiers prénommée Victoire, qui vous répond dans un soupir excédé en se demandant à quelle heure elle va enfin pouvoir partir au ski. Sans s'être arrêtés, les saignements ont diminué, elle ne voit donc pas pourquoi j'aurais droit au deuxième test prévu par la gynéco des urgences, et encore moins à une échographie. Immobilisée sous paracétamol et antispasmodique, c'est le week-end et ça ira comme ça, ni bonjour ni au revoir. Flanquée de son apprenti interne terrorisé, Victoire expédie également en trois formules lapidaires ma pauvre voisine à qui on a tout de même retiré l'utérus, puis ressort de la chambre, tout auréolée du mépris de sa caste pour la plèbe hospitalière.

Je me console comme je peux en lisant dans le dépliant que cet hôpital est à la pointe de l'équipement sanitaire dans la lutte contre les maladies nosocomiales. Oui, bon, c'est toujours ça.

Les garçons du groupe ont tous pris gentiment de mes nouvelles par texto à la fraîche ce matin. J'apprends que Sam a soudain été terrassé dans la soirée par une fièvre de plus de quarante degrés – une grippe sauvage sévit en ce moment. Décidément, drôle de météo pour la musique, hier soir. Bashka m'appelle plusieurs fois, son fils a la grippe lui aussi, elle n'ose pas venir me voir par crainte de me contaminer. La maman de Bashka a travaillé toute sa vie dans les hôpitaux polonais, et j'apprécie de pouvoir parler santé avec mon amie sans prendre de gants. « Résister », « croire » et « patienter » sont les trois mots d'ordre de la journée.

Allez. Courage, travailler le mental, ne pas céder. En ce moment, plus que jamais, éviter la gamberge. Accrochez-vous les enfants, si vous le pouvez encore. Moi, je vais tout annuler et rester obstinément couchée en position de cuillère sur le dos jusqu'à ce que je vous revoie bouger gentiment dans mon ventre. Les spectres volettent dans la chambre mais je vous préviens, je refuse d'envisager toute autre possibilité pour l'instant.

***

La journée de samedi se termine, Ted m'a équipée en magazines, livres, tendresse, mandarines et télé qui marche. Je tente de ne laisser aucune place à la baleine de l'angoisse, qui adore les bruits d'hôpitaux et les douleurs incompréhensibles.

Elle ne remontera pas. Qu'elle se cache dans l'invisible le plus inaccessible. Il faut que les jumeaux soient préservés du stress si on veut avoir une chance qu'ils ne lâchent pas le guidon. Je leur parle gentiment, je communique en me massant le ventre, et puis je tente de m'assommer par tous les moyens, même si je ne cède pas, ce soir, à la sirène du petit calmant. Ce genre de substances est tout de même à éviter en ce moment. Alors le temps est long, rythmé de temps à autre par la gentillesse des infirmières et des aides-soignantes qui vérifient de jour comme de nuit ma température, ma tension, la composition de mon sang et mon confort. Les amis me téléphonent. On me nourrit aussi, et je vois arriver le soir dans mon assiette... des épinards en branche. Hilare, j'envoie un texto à Ted, qui me rappelle encore une fois très tard le soir pour me dire des paroles apaisantes pour la nuit. Il est épuisé lui aussi, j'espère qu'il va pouvoir dormir. Ma voisine de chambre est rentrée chez elle, personne ne la remplacera, tout est calme à Suresnes-hosto. Dans la nuit, un bref moment de détente soudaine au creux du ventre me redonne espoir sur la présence des jumeaux. *Stanno tutti bene...* Je donnerais cher pour une échographie. Papa me rassure gentiment au téléphone pour m'aider à tenir. Il me dit aussi que la même chose est arrivée à ma mère lorsqu'elle attendait mon frère. J'avais six ans à l'époque, je ne m'en souviens pas. D'ailleurs, pour me préserver, on ne m'avait sûrement pas expliqué la vérité. Sur ordre du médecin de famille, elle était tout simplement restée couchée à la maison quelques jours et tout était rentré dans l'ordre. Papa tente de recouper ses souvenirs avec un calendrier, elle aussi devait en être aux environs de la fin du troisième mois. Sans raison, cet antécédent me rassure un peu.

***

À ma grande surprise, le dimanche, la gynéco qui m'avait reçue aux urgences fait son apparition dans ma chambre, flanquée de sa petite interne sympathique. C'est souvent comme ça. Les services de nuit et de week-end, on les colle aux gentilles, aux étrangères qui ne gueulent pas sur les horaires et se préoccupent vraiment des patients. Les services de journée en semaine, ce sont les pimbêches blondes des beaux quartiers qui se les gardent. Bref, ces deux jeunes femmes médecins sont très humaines et je suis ravie de les voir. La toubib d'un pays inconnu m'annonce une échographie, suivie d'une sortie si tout va bien. L'espoir revient !

Il faudra tout de même attendre presque cinq heures avant qu'on me descende en salle d'examen : les internes pensaient que les aides-soignantes m'accompagnaient et les aides-soignantes pensaient que les internes venaient me chercher.

Les cœurs battent, les poches semblent intactes, les petits corps bougent, mes deux enfants merveilleux ont résisté au tsunami. Ils sont maintenant tête bêche, ce qui est nouveau. Tout ceci est inexplicable, mais je me contente volontiers de la bonne nouvelle. Autre bizarrerie, on les voit beaucoup plus nettement à l'écran qu'avant la crise, surtout celui de droite qui se cachait tout le temps. Alors quoi ? Ils se sont battus pour leur espace vital et ont tapé dans un truc inutile qui les gênait ? En l'absence d'explication scientifique, je ne vois pas pourquoi je ne m'en fabriquerais pas une, farfelue, sans doute, mais qui m'amuse.

En tout cas je suis tellement fière d'eux. J'envoie un texto pour rassurer mon entourage : Les jumeaux ne sont pas des mauviettes ! *When the going gets tough, the twins get going.*

Bon. Il ne s'agit pas de danser la salsa non plus pour fêter ça. Repos absolu obligatoire toute la semaine. Ted me ramène doucement à la maison, on remplit mon frigo, je colle deux steaks dans une poêle (je n'arriverai pas à avaler le mien) et puis je tombe dans mon lit. Dehors, il neige, dedans, il fait chaud. Je vais mettre plusieurs jours à comprendre ce qui m'est arrivé. Non, d'ailleurs, l'hôpital m'a dit qu'il n'y avait rien à comprendre.

C'est arrivé si vite, ça aurait pu être si horrible, que le fait de rentrer chez moi sous ma couette sans autre forme de tragédie est pour l'instant un peu merveilleux. Au sens irréel du terme. Comme cerise sur le gâteau, j'ai aussi rapporté de Suresnes un rhume carabiné qui a pour triple effet de concrétiser le brouillard qui m'entoure, d'une part, de me couper le sifflet d'autre part, et surtout de me secouer comme un prunier à chaque quinte de toux.

***

Cet événement a vu le retour discret dans ma vie du fantôme de ma mémé Marguerite, décidément fidèle à son poste lorsqu'il s'agit de mes futurs enfants. Dans le désespoir de mon arrivée catastrophique aux urgences, j'ai profité du long moment où les internes m'ont laissée seule sur la table d'auscultation pour tenter une petite prière païenne. Qu'on ait un dieu ou pas, en cas de coup dur, j'ai constaté que les mains ont tendance à se joindre naturellement pour s'élever vers le ciel. Le besoin de prière n'a que faire des chapelles. J'ai adressé ma supplique à ma mère et ma grand-mère, là-haut, je leur ai demandé de l'aide de toutes mes forces.

À mon retour chez moi, les premières nuits sont difficiles et plutôt sans sommeil. La télécommande à portée de main, je cherche à me calmer en espérant un programme soporifique. Et, par une nouvelle coïncidence télévisuelle, l'un des tout premiers reportages sur lequel je tombe se passe dans le village de... Fournols !

Je vous explique.

Quand j'étais petite, après le divorce de ma mère, il a été rapidement clair que je ne reverrais pas de sitôt mon pays natal, le Canada. Mon grand-père Albert et ma grand-mère Marguerite, qui vivaient à Marseille, ont alors décidé qu'il serait judicieux de m'emmener en vacances, tous les étés, dans un endroit où je retrouverais les grands sapins de ma prime enfance. Le village choisi se situait dans le Massif central. Marguerite, demoiselle des Postes à la retraite, y avait droit d'accès dans une résidence de vacances. Ce village s'appelait Fournols. J'y ai passé mes vacances pendant plusieurs années.

Non seulement je n'avais absolument plus jamais entendu parler de ce minuscule bled de montagne depuis des dizaines d'années, mais le reportage sur lequel je suis tombée cette nuit ne parlait pas de n'importe quoi. Il racontait la vie exemplaire à Fournols d'un... médecin. Polyvalent, dévoué à ses ouailles jusqu'à l'épuisement, incapable de prendre sa retraite à plus de soixante-quinze ans faute de relève, constamment sur la route, ayant probablement sauvé la vie de la moitié de ses concitoyens. Et ayant accouché personnellement l'autre moitié.

Je deviens superstitieuse ? Peut-être... Mais après ma drôle de prière et le sauvetage encore inexpliqué des jumeaux à l'hôpital, comment ne pas penser instantanément, en tombant sur ce reportage au beau milieu de la nuit, à la bienveillance de Marguerite, là-haut, à qui la naissance de mes enfants semble tant tenir à cœur depuis de si nombreuses années.

***

Les jumeaux sont en pleine forme ! Au bout de dix jours de marinage chez moi, alors que je suis occupée à soigner sans médicaments mon rhume-bronchite tout en limitant mes mouvements au maximum, mon médecin vient de me montrer une belle échographie. Les cœurs battent régulièrement, chacun s'est installé dans son coin, les mains et les petits débuts de pied s'agitent, ils mesurent à peu près 7 centimètres chacun, leur croissance est normale... La belle nouvelle !

On repère une déchirure d'un centimètre à l'extérieur de mon ovocyte droit, ce qui explique enfin l'épisode du bain de sang, spectaculaire, mais sans danger pour les enfants. Moi, en revanche, je dois continuer à rester couchée au maximum, pour réparer tout ça, et je suis prévenue, cette grossesse s'annonce comme une longue période de repos forcé, chez moi et/ou à l'hôpital. Je suis priée de passer en activité réduite, et plus vite que ça.

« Je passe mes journées à ne rien faire ! » Lorsque ma nature hyperactive se rebelle, Ted me reprend immédiatement : « Tu ne fais pas rien. Tu es en train de fabriquer deux enfants. » Il est présent, parle à mon ventre, me rassure, me fait rire, et de nouveau l'avenir se dessine. L'amour est la seule chose vitale au monde.

***

Si mes *twins* vont bien, la France, elle, se porte un peu bizarrement en ce moment, au moins sur le sujet de la procréation assistée. Extrait internet du journal *Le Point*, en date du 5 février 2013 :

« La circulaire du ministère de la Santé est datée du 14 janvier. Envoyée aux gynécologues et aux agences régionales de santé et révélée par *Le Parisien*, elle précise que "actuellement, l'offre de don d'ovocytes en France est insuffisante pour couvrir les besoins. Le nombre de couples français qui se rendent à l'étranger en vue d'assistance médicale à la procréation, en particulier en Espagne, ne cesse d'augmenter." Jusque-là, rien d'illégal. En revanche, souligne la circulaire, certains établissements étrangers pratiquent des méthodes interdites par la loi française : "Ces soins reçus à l'étranger ne sont pas toujours conformes à la législation française (rémunération du don d'ovocytes, double don de gamètes...)." La France prône la non-commercialisation du corps, et donc la gratuité des dons. Dans l'Hexagone, les dons d'ovocytes et de sperme sont anonymes et gratuits, ce qui n'est généralement pas le cas ailleurs en Europe. »

Pire. « La situation tend à s'aggraver avec le démarchage de plus en plus offensif des établissements et des praticiens français par des cliniques ou des organismes étrangers », s'alarme le texte. La conclusion semble – en apparence – claire : « Si le médecin transmet l'information à ses patients, même sans obtenir un paiement ou un avantage de la part de la clinique ou de l'organisme étranger, il peut être poursuivi », encourant « cinq ans d'emprisonnement et 75 000 euros d'amende ». Selon cette circulaire, c'est donc la PMA réalisée grâce à un don d'ovocytes rémunéré qui est illégale aux yeux de la loi française : un gynécologue va à l'encontre de la loi s'il oriente ses patientes vers un établissement qui pratique ce genre d'actes, qu'il ait joué ou non le rôle de rabatteur rémunéré.

Cinq ans d'emprisonnement et 75 000 euros d'amende ? Par comparaison, la loi française ne punit l'homicide involontaire que de trois ans d'emprisonnement et 45 000 euros d'amende... Il serait donc une fois et demie plus grave d'aider un enfant à voir le jour que de flinguer son voisin par erreur ! Mais de quoi a-t-on peur, dans ce pays ? Que les homosexuelles fassent des enfants ? Oui, entre autres, et c'est aussi la bonne excuse qui fait paravent. Pour info, le don d'ovocyte, en France, n'est légal que pour les couples mariés hétérosexuels déclarés stériles. Chacun de ces termes ayant poids égal : mariés, hétérosexuels, stériles.

N'étant ni mariée ni officiellement stérile, l'hétéro que je suis, en retard sur sa chronobiologie par les aléas de la psychologie et de la vie, a été bien contente de trouver en Espagne une loi et des médecins progressistes.

Le gouvernement tente également de justifier cette circulaire en argumentant que certains médecins français ont pu être rémunérés par des cliniques étrangères pour leur envoyer des patientes. Au nom de la crapulerie de quelques individus isolés, on condamne des centaines, voire des milliers de femmes comme moi à perdre le droit d'être mères lorsque la nature, ou la vie, les a défavorisées.

Il reste cependant légal pour une patiente de se rendre de son plein gré dans une clinique à l'étranger, comme je l'ai fait. Il faut simplement qu'aucun médecin français ne lui ait jamais recommandé cette adresse. À savoir, mieux vaut pour les Françaises aller se faire inséminer sur un coin de table dans n'importe quel établissement plus ou moins douteux trouvé sur internet que de vérifier auprès de leur médecin, sérieux et compétent, la réputation de l'établissement qu'elles ont choisi.

Le double don de gamètes est interdit en France. Quant au don d'ovocytes, la loi française considère comme illégal le fait de rémunérer la donneuse. Résultat prévisible, il n'y a pas d'ovocytes disponibles en France. L'attente est au minimum de deux ou trois ans, pour les femmes qui auraient la chance de remplir par ailleurs toutes les conditions exigées par la loi.

L'acharnement législatif français repose sur une peur viscérale, mais laquelle ? Personnellement, j'ai été très rassurée de savoir que ma donneuse espagnole avait été rémunérée pour son don. Pas une fortune, non, je crois qu'elle a touché 1 000 euros de la part de la clinique. Mais au moins, je comprends sa motivation et je la trouve saine. Le don d'ovocytes n'a rien à voir avec un don de sperme, qui consiste en une petite branlette et une ou deux visites médicales. Un peu comme pour donner son sang. Il suffit donc de quelques minutes et d'un peu de générosité. Le don d'ovocytes, en revanche, implique pour une femme un traitement médical hormonal, assorti d'un prélèvement en clinique, suivi par un autre traitement médical hormonal. Quelle peut être la motivation d'une jeune femme à faire une telle démarche, longue, médicalisée, intrusive, si on ne la rémunère pas ? Ce n'est que justice, et la loi française est parfaitement imbécile sur le sujet, si on me demande mon avis.

D'accord, on ne me le demande pas.

Par ailleurs, les dernières statistiques officielles sur l'adoption internationale en France sont saisissantes. Toutes provenances confondues, les Français ont adopté 1569 enfants en 2012, contre 2003 enfants en 2011. Soit une baisse d'environ 20 % en un an seulement. Effet conjugué de l'application massive de la convention de La Haye, privilégiant l'adoption nationale pour chaque pays, et des restrictions numéraires infligées à titre de représailles internationales. Les statistiques ne disent pas, bien sûr, si les orphelinats du monde entier voient diminuer le nombre d'enfants qui y croupissent. Ce serait très surprenant. Sans compter la souffrance des familles qui s'engagent, comme je l'ai fait au Mali, dans plusieurs années de démarches pénibles vouées à l'échec.

Donc, en gros, rien n'a changé depuis Joséphine. Hors de la famille napoléonienne, toujours pas de salut pour la France.

J'ai beau m'appeler Marianne, je fais sans doute partie des excentriques de la République et dois donc m'estimer heureuse d'être passée entre les mailles du filet. Si je suis sage, que je ne bouge pas trop, et que les jumeaux se sentent bien chez moi, je vais être maman de deux merveilleux petits êtres, uniques, et que Ted et moi aimons déjà de tout notre cœur.

***

J'aimerais revenir deux secondes sur le sujet des échographies. Dans un fameux épisode de la série *Friends*, Rachel, enceinte, et Ross, le papa, observent attentivement l'échographie que leur commente le médecin. Ross, concentré, comprend tout, et Rachel semble elle aussi suivre le film avec adoration. Mais dès la sortie du cabinet, elle fond en larmes : « Je ne comprends rien aux échographies ! Je n'y vois rien, moi ! Ross, je suis une mauvaise mère… » C'est super drôle parce que c'est super vrai. Évidemment qu'on n'y comprend rien, à ces images floues et mouvantes, vers lesquelles le médecin pointe de sa petite flèche électronique plein de signes intéressants : « Vous voyez, là ? » Oh bien sûr, je vois, je vois… Mais en vérité, à part les rares moments où l'on distingue les corps naissants des deux enfants, on pourrait tout aussi bien me dire que c'est un tableau de Jackson Pollock ou une carte de la lune. Et lorsque, de retour à la maison, je reprends les clichés, tout est abstrait, monde étrange de taches noires et grises un peu floues, déformées par l'angle conique de la prise de vue et parfaitement hermétiques.

De toute façon, j'ai toujours eu un problème avec la représentation graphique de la 3D. Je ne comprends que couic aux volumes étalés en deux dimensions. Ça a commencé dès les premiers cours de physique au lycée, et malgré l'obtention inespérée d'un bac scientifique, ça ne s'est jamais amélioré. Je n'ai pas, parmi mes neurones, celui qui fait la connexion entre la 2D et la 3D. Il faut je voie en vrai. Chacun sa croix.

Aie confiance, ne bouge pas, reste cool. Et tâche de manger autre chose que des flans au caramel et des citrons givrés.

Promis, je ne me moquerai plus jamais d'une envie de fraises. Le corps d'une femme enceinte n'est manifestement qu'un caprice à pattes, même quand ce corps est le vôtre et que vous tentez de le dominer avec la meilleure volonté du monde. La fabrication de la vie est une entreprise impérieuse qui se fiche bien des états d'âme de la porteuse.

Cela dit, maintenant que la première grosse terreur est passée, la porteuse est de nouveau euphorique de faire son office. Parfois, j'imagine nos deux petits bibouches dans quelques mois, leurs petits pieds, leurs petites mains, leurs petites bouilles... Et j'en pleurerais de joie. Pourvu que je n'accumule pas les accidents de parcours.

***

Pendant ce temps, l'armée française est toujours engagée dans la guerre au Mali, à lutter contre les intégristes islamistes. Ça s'éternise, un soldat français vient de tomber au front.

***

La responsable des admissions à la maternité de la clinique de La Muette est en vacances. L'hôpital Foch de Suresnes est déjà complet pour juillet, je suis sur liste d'attente et je dois leur faire parvenir un courrier avec une requête exceptionnelle. Si j'avais voulu être prise en charge à l'hôpital Necker, il fallait m'y prendre avant la quatrième semaine de grossesse. Quant à Cochin, pas moyen d'avoir un rendez-vous avec le médecin avant fin avril, sans aucune garantie qu'il y ait ensuite des places en juillet. Et puis, un bébé vient d'y mourir à terme dans le ventre de sa mère faute d'avoir été pris en charge à temps. J'ai envoyé un mail à l'hôpital américain mais il faut prendre rendez-vous avec un médecin et les places sont comptées. Et je n'ose même pas imaginer la tête du devis.

Ben, eh, où je vais accoucher, moi ?

Une vieille tatie bien intentionnée me raconte ce matin l'histoire d'une de ses amies, qui a fait la même démarche que moi, et qui a accouché de jumelles. « Mais les jumelles sont mortes », rajoute-t-elle. L'amie a accouché trop tôt.

Ça m'apprendra à vouloir être polie en informant la famille.

***

Au risque de passer pour une girouette, aujourd'hui, j'en ai ma claque. J'en ai marre, mais MARRE, à péter un boulon. Je pourrais mordre le facteur. Je pourrais sauter par la fenêtre (oui, bon, j'habite au rez-de-chaussée, et alors ?) J'adorerais avoir quelqu'un à engueuler copieusement pour n'importe quelle bonne raison. Je n'en peux plus d'être cloîtrée chez moi. Je ne vais jamais tenir !

Mardi dernier, j'ai désobéi aux ordres de repos absolu. Je me suis rendue en taxi chez ma psy, séance constructive qui s'imposait, depuis le temps, et qui m'a fait du bien. Au retour, comme il faisait enfin soleil, j'ai demandé au taxi de me déposer au carrefour en bas de chez moi et j'ai vadrouillé une petite heure pour faire des courses et me faire livrer deux heures plus tard. Quelle aventure. Une vraie folie, non ?

Eh ben paf. Le verdict n'a pas manqué. Pendant la nuit, retour des roses rouges, un petit bouquet certes, le sang perle mais pas de quoi courir à l'hôpital, seulement de quoi flipper toute la nuit, avoir le cœur dans les doigts de pieds, faire une insomnie géante, regarder des clips à la chaîne pour tenter de m'assommer, en vain, la nullité ambiante des musiques au mètre ne fait qu'alimenter mon stress, sans pour autant que je trouve la force de zapper.

Au matin, la mort dans l'âme, je dérange mon médecin au téléphone qui me rassure. C'est la déchirure, c'est normal, prenez du Spasfon, ne bougez plus, on se voit la semaine prochaine.

Mais le Spasfon n'a pas l'air super efficace contre la baleine de l'angoisse qui a élu domicile sous mon lit, cette conne. Moi qui n'en prends jamais, je donnerais cher pour un calmant. Mes amies me racontent au téléphone leur vie professionnelle et moi, je me sens complètement exclue du monde. Même pas trois semaines alitée et je pète un boulon. Je sais. Comment je vais faire si ça dure encore... quatre ou cinq mois entiers ? Ted a beau tenter de m'apaiser le soir avec sa bonne philosophie habituelle, ses câlins me calment quelques heures et dès que je raccroche ou qu'il repart, ça recommence. Le monde extérieur n'est plus qu'une grosse télé allumée en permanence dans ma chambre et je confirme, il y a de quoi lobotomiser n'importe qui. Oui. Je suis en pétard et j'en ai ras la casquette. Pas d'être enceinte, certainement pas, pas de porter deux enfants, non, mais d'avoir peur. Peur que ça foire, que ça se brise, que ça se déchire, que ça s'arrête, que ça craque, que ça ne fonctionne pas, que ça pisse le sang, que ça tue les enfants, qu'ils meurent étouffés, que j'accouche avant terme, que mon corps ne soit pas à la hauteur, gna gna gna, peur de tout, absolument tout ce qui pourrait se passer de pire. Il faudrait pouvoir se changer les idées, sortir marcher, prendre l'air, aller au cinéma, travailler, n'importe quoi, et justement, c'est tout ce qui m'est interdit. Je me contente de prendre une longue douche chaude. J'adorerais être une patate de canapé, une glandeuse professionnelle, une contemplative, voire – soyons fous – une méditative. Tintin. Je suis une hyperactive qui vient de se faire très efficacement plaquer au sol par deux petites créatures sans défense qui tiendraient ensemble dans le creux de ma main. Après tant d'années laborieuses passées dans les dojos d'arts martiaux, c'est un chouïa vexant.

Au théâtre, tout le monde connaît bien le phénomène du milieu des répétitions. Quelle que soit la période de travail prévue, trois jours, trois semaines ou trois mois, c'est statistique, au beau milieu de cette période, tout va aller mal. Les artistes vont se démoraliser, les techniciens vont se rebiffer, le producteur va croire à sa ruine, les perruques vont brûler, la bande son se désintégrer dans un ordinateur mal manipulé et l'acteur principal va menacer de frapper une figurante, un comptable ou le metteur en scène. C'est le moment le plus délicat à gérer pour un chef de troupe, celui où le travail, en se cristallisant, provoque des réactions imprévues et parfois dangereuses pour le projet. La mayonnaise prend, mais ça fait chauffer le bol. C'est là que le ou la capitaine du bateau doit savoir faire appel à toute sa ruse personnelle et se déguiser provisoirement en maître Yoda, en bon roi Salomon, le sourire obstinément accroché aux lèvres comme une sangsue à sa proie.

Cette loi du cap difficile de la mi-parcours est peut-être, finalement, une constante humaine. On a perdu l'excitation de la mise en route, l'adrénaline de l'accomplissement final n'est pas encore présente, on subit donc une dépressurisation temporaire. Voilà, je viens d'entamer mon quatrième mois, le milieu de la période approche, et au lieu de faire le Bouddha, je fais du boudin. Je ne suis pas le metteur en scène de ma grossesse. Seulement l'actrice principale. Et en tant que telle... Je suis pénible. Bien sûr ! Le vrai metteur en scène, c'est les mini-twins. En attendant que la prima donna se calme, ils discutent des lumières, des costumes et du décor, ce sera toujours ça de gagné sur le planning.

J'ai tout de même réussi à m'inscrire dans les deux maternités recommandées par mon médecin. La clinique privée très chic, très chère, très confortable (il ne manquerait plus qu'ils mordent, au prix de la minute facturée) où il m'accouchera si jamais nous parvenons à terme sans encombre. Et l'énorme hôpital public suréquipé en matériel de sauvetage pour les prématurés, en prévision de tous les autres cas de figure. Techniquement, on appelle cela une maternité de niveau 3. À force d'acharnement, je suis tombée un beau matin sur une secrétaire moins revêche que les autres, qui a réussi à me caser dans le planning d'une gynéco spécialiste des jumeaux. Je devrais être contente.

Seulement le ciel de février est bas, gris, moche, et l'hémorragie tarde à se résorber. Mon merveilleux Ted sert de bureau des pleurs. Je vais me reprendre. Forcément.

***

Il semblerait qu'au Mali, l'armée française ait abattu un, voire deux chefs suprêmes des islamistes intégristes d'Afrique du Nord. Le président François Hollande, non content de vouloir rétablir la paix entre le Nord et le Sud du Mali, a ouvertement déclaré la guerre aux terroristes.

***

Quelques jours plus tard. En fait, on ne sait toujours pas si les chefs djihadistes sont bien morts, ni même si ce sont les Tchadiens ou les Français qui les ont, *qui les auraient*, tués. La guerre, c'est le bordel. Le terroriste se fond dans la montagne, le stratège patauge, le soldat cherche au soleil le sens de son engagement, le civil crève dans l'indifférence générale, les cimetières et les orphelinats se remplissent, en même temps que les poches d'une poignée de salopards.

***

Pour en revenir à mon nombril (on y revient toujours), voici bientôt un mois que je suis immobilisée. Je ne me suis pas franchement reprise. Les saignements me font la guerre des nerfs et chaque passage à la salle de bains ravive ma trouille, malgré le ton rassurant de mon médecin au téléphone. Je grogne, je flippe, j'ai carrément les jetons. Ted vient se poser tranquillement à mon chevet et réussit, comme toujours, à m'apaiser et me faire rire. Seule l'immobilité me sauvera, autant s'y résoudre sans s'énerver. Avant de m'en remettre au destin, je consulte des forums sur internet. Ces dialogues entre quidams sont autant de boîtes de Pandore, parfois aussi toxiques que mensongers ou bêtes. Mais cette fois, j'y trouve de nombreux témoignages de femmes qui, comme moi, au bout de quelques semaines ou mois de grossesse, ont été aux prises avec ce phénomène de « pertes brunes » – argh, on dirait le nom d'une faction nazie. Les grossesses se sont finalement bien passées, en majorité. Et même, une explication plausible se dessine au détour d'une petite ligne bourrée de fautes d'orthographe. La cause de ces nouveaux saignements pourrait être, tout simplement, que l'hématome résultant de la grosse hémorragie de début du mois soit en train de se résorber. Pas de quoi se mettre la rate au court-bouillon, donc. Ce serait même plutôt une bonne nouvelle. Ouais. Et moi je suis la fille du pape, me souffle mon petit démon intérieur qui, trop content d'avoir du négatif à se mettre sous la dent, n'a aucune intention de lâcher sa proie pour l'ombre (de la baleine).

Pape qui vient d'ailleurs de démissionner, soit dit en passant. Si j'en crois ma fidèle télé, les médias en sont tout agités dans le monde entier, il paraît que c'est un événement historique. Un pape, selon les petites lignes du contrat et depuis des siècles, ça crève en fonction. Ça ne se retire pas gentiment au monastère, en hélicoptère, avec les félicitations du jury. Personnellement, je ne vois pas en quoi la disparition de la scène publique d'un vieux catholique réactionnaire, rétrograde et machiste devrait me concerner. Pressions ? Maladie ? Scandale sexuel à étouffer ou Dieu sait quoi encore ? Pas mal de gens sur cette planète ont bien d'autres chats à fouetter que de conjecturer sur les intrigues de palais de vieux latinistes confits d'ambition. La seule chose drôle, c'est que l'Italie, du fait des dernières élections plus que chaotiques, se retrouve en ce moment sans plus de gouvernement que de pape. Et, comme me dit Mimi depuis la Toscane, les oliviers s'en tapent et rien n'a changé. Les oliviers s'occupent de fabriquer des olives.

Lorsque les enfants s'installent dans votre métabolisme, tout s'organise pour eux. C'est une sensation physique très nette. La priorité, c'est la vie qui se construit à l'intérieur de vous. Vivement mercredi que je revoie mon médecin, et avec lui, mes deux mini-twins par la magie de l'échographie. Si tout va bien, mon stress, vaincu, ira s'évaporer sans gloire et se confondre en excuses minables au pied de la tour Eiffel. *So long, stranger.*

Ensuite, avec un peu de chance, je récupérerai suffisamment de neurones pour me remettre à travailler un peu. Plusieurs traductions m'attendent sur mon bureau, des pièces, un roman. Mais je sens bien que les jumeaux s'en fichent comme de leur première cellule, de mes histoires de boulot. Travaux en cours. Le cerveau maternel est réquisitionné comme tout le reste du paysage. Pas de prisonniers.

***

La jeune infirmière qui sonne à ma porte ce matin pour la rituelle prise de sang mensuelle est enceinte. Elle est restée couchée six mois pour son premier enfant. Pour le deuxième, à douze semaines, elle gambade gaiement et assure ses fonctions, la mine toute rose. Je commence à entrevoir l'ampleur du secret. Il n'y a absolument aucune règle. Aucune loi. Personne ne peut savoir. Une grossesse ne répond à aucune science exacte de prévision. Pas de météo pour les fœtus. Préparez-vous, à chaque fois, à toutes les éventualités. Chaque enfant prendra son propre chemin pour arriver sur terre.

Si ça se trouve, même, il y a un concours pendant les neuf mois de gestation. À la naissance, chaque bébé reçoit son trophée, remis par un ange souriant vêtu de lamé invisible. Fœtus d'Or du petit d'homme ayant le plus compliqué la vie de sa mère. Meilleure décoration d'utérus. Fossette d'Argent du zen total et de la naissance cool. Ballon de Platine du plus grand nombre de coups de pied in utero. Lion d'Or du survivant en conditions extrêmes. Miroir Magique des plus beaux jumeaux terriens de la journée. Oh merci pour cette récompense, je ne m'y attendais pas du tout, voyez comme je suis éblouie, c'est une nouvelle vie qui commence pour moi ! Je voudrais remercier mon père et ma mère, sans qui rien de tout ceci n'aurait pu arriver… Et dans un grand bruissement d'ailes célestes en robes du soir qui applaudissent à tout rompre et s'envolent, le bébé humain pousse son premier cri.

***

Deux garçons ! Nous venons enfin d'entamer le cinquième mois et c'est maintenant officiel, les mini-twinz sont des gars. Tous les deux. J'ai éclaté de rire chez le médecin, qui s'est écrié, le pistolet d'échographie en main, « Préparez l'équipe de foot ! ». Eh oui. Il va y avoir de l'ambiance. Les jumeaux ne s'appelleront donc pas Marguerite, désolée ma chère mémé, mais nous ne t'oublierons pas. Pour l'instant, les séances de brainstorming avec Ted sont un chouïa affligeantes. Caïn et Abel, Boule et Bill, Felix et Potin, Jules et César, ou Jim, au choix, Bibouche et Ninouche, on dirait que nos deux cerveaux sont coincés en mode « crétin des Alpes ». Mais on a encore un peu de temps devant nous.

Je leur parle très souvent, je les masse, ils commencent à me faire de petites chatouilles de l'intérieur lorsqu'ils bougent. Je leur raconte ce qu'on mange, ce qu'on fait, quand on va se coucher, quand ce n'est pas l'heure de réveiller maman (la nuit surtout, deux petits nightclubbers qui m'envoient des vibrations pour que j'erre dans l'appartement à cinq heures du matin... Et même régime pour Ted, même lorsqu'il dort tout seul chez lui !) Ted s'est très officiellement adressé à eux en leur demandant de ne surtout pas venir au monde avant le 13 juillet, date à laquelle il pourra arrêter de travailler. À la maternité de l'hôpital, on me dit que le terme officiel est le 20 août. Mon médecin, plus pragmatique, avait prévu le 20 juillet, puisque les jumeaux arrivent souvent avant terme. Il y a en tout cas de fortes chances pour que ce soient deux petits Lions. Le projet de cirque familial redevient d'actualité.

Le soleil brille enfin sur Paris, pour la première fois depuis de longues semaines. On n'y croyait plus, même si le printemps est officiellement arrivé depuis plusieurs jours. Neige, pluie, grêle, ciels bas, lumière de cachot, on a tout eu. Mais aujourd'hui est une jolie journée, assortie à mon humeur, légère d'avoir vu les jumeaux sur l'écran, d'avoir entendu leurs petits cœurs battre régulièrement, d'avoir constaté que leurs courbes de croissance sont tout à fait normales et saines. La magie opère, discrète. Le caissier du supermarché m'offre des fleurs, les taxis se lèvent de leur siège pour m'ouvrir la portière (là encore, les Parisiens apprécieront la rareté du geste). C'est un beau lundi. Les plantes sur mon balcon ont fêté ça. Elles bourgeonnent. C'est la première année que je réussis à ne pas faire crever des plantes vertes rien qu'en les regardant.

L'année des naissances.

La période noire des saignements, de la peur et de l'immobilisation complète semble enfin derrière moi. Le temps a été long, le moral parfois vacillant, mais les efforts paient. Je me porte bien. Les jumeaux aussi. Et Ted a son beau sourire tranquille. Je reste très prudente physiquement par principe de précaution, mais j'ai retrouvé l'usage de ma tête, de mes jambes avec modération, et surtout un moral d'acier. Comme par hasard, le téléphone se remet à sonner. Les amis proches et lointains se manifestent, certains pas vus depuis plutôt longtemps. Les ondes, les ondes, les ondes. Tu vas bien, le téléphone sonne, tu vas mal, une chape de silence s'abat sur la pénombre de ta chambre. Aucune explication rationnelle, mais à force d'être empiriques, les vérités en finiraient par devenir scientifiques.

Seul point noir de la journée, c'est apparemment la fin de mon immunité aussi étrange que provisoire contre la prise de poids excessive. Trois kilos en trois semaines, le médecin n'est pas content de moi, mais je reste perplexe. Comment est-ce possible ? Je n'ai pas l'impression de manger plus que de raison. Il semblerait que mon corps se soit soudain souvenu que le pain, le beurre, la confiture, le fromage, les pâtes, toutes ces choses dont en temps normal je me prive et que j'ai réintroduites dans ma cuisine au nom d'une alimentation dite équilibrée pour les bébés, ça fait grossir. Même à petites doses. D'accord. Fin de l'âge d'or du frigo sans contrainte.

Dans la rue, à nouveau, des centaines de milliers de réactionnaires se sont rassemblés à Paris ce dimanche pour s'opposer au mariage pour tous. Mamans en bleu marine accompagnées de leur flopée de petits enfants nés coiffés et déjà coincés dans la peur et les préjugés. La manifestation est infiltrée par des énervés d'extrême-droite, ils s'en prennent à la police, la police riposte durement. Cette idiote de Christine Boutin, ex-ministre et répugnant chef de file des épouvantails réactionnaires avec brushing, se prend des gaz lacrymogènes dans la figure. On crie au scandale, on demande la démission du préfet de police et du ministre de l'Intérieur. Pour une fois, je suis désolée, mais ça me fait marrer. Bande d'imbéciles. Qu'on manifeste pour protéger ses droits ou en obtenir de nouveaux, je comprends. Mais qu'on se mobilise par centaines de milliers juste pour barrer le chemin au droit des autres, dans une affaire qui ne remet absolument pas en cause la sécurité de qui que ce soit, ça me dépasse.

***

On a découvert qu'il y a dix-huit ans, dans une clinique du sud de la France, deux bébés ont été intervertis par mégarde. Après un épisode de jaunisse des nouveau-nés, chaque maman est repartie avec la fille de l'autre, n'y voyant apparemment que du feu. Les deux petites filles ont aujourd'hui dix-huit ans et doivent faire face à cette étrange réalité. Leurs parents ne sont pas leurs parents, l'ADN a parlé. Et pourtant. Je suis frappée, en voyant la première maman et sa « fausse » fille interviewées de concert, de constater à quel point elles se ressemblent. Trait pour trait. Au-delà même du comportement, du langage, du rire qu'elles ont en commun, leurs deux visages font preuve de similitudes troublantes. On se prend à rêver à la force de l'éducation, à l'incroyable capacité d'adaptation de l'être humain, mais aussi aux conséquences, sur un psychisme encore jeune, d'une telle vérité mise à jour si tardivement.

La vie a son importance. Mais la façon dont on la raconte, à soi-même et aux autres, est sans doute encore plus cruciale pour le bon développement de chacun.

***

Ici, c'est la fin avril, le printemps a enfin chassé pour de bon cet horrible et interminable hiver 2013, les arbres explosent de vert, le ciel se maquille en bleu un peu plus souvent, les manches raccourcissent et moi, je vous ai abandonnés un certain temps, pardonnez-moi! Mais brusquement la vie s'est remise à se dérouler à un rythme plutôt soutenu, sans que j'aie encore bien compris comment.

Il y a eu la visite, pendant une semaine, de mon ami d'enfance canadien (je devrais dire ami de biberon!), John, accompagné de sa femme Kathleen et de leur fils Terry, qui a maintenant plus de dix ans. Terry a été adopté à la naissance aux États-Unis, c'est sa mère biologique qui a donné l'enfant à John et Kathleen, ainsi que la loi américaine le permet. Auparavant, ils avaient connu une première mésaventure avec un bébé dont la mère s'était rétractée au bout de quelques semaines. Je n'ose même pas imaginer le genre de déchirure que cela a pu leur causer de rendre ce premier enfant, et nous n'en parlons jamais. Terry, en partie d'origine mexicaine, est venu les consoler très vite. Il connaît depuis la petite enfance un sérieux problème de dyslexie, ainsi que de lourdes difficultés à apprendre en général. Il a suivi un temps un enseignement très particulier, développé en Amérique du Nord, consistant à former, dans le cerveau des dyslexiques, de nouveau circuits neuronaux dédiés à l'apprentissage et au savoir. Cet enseignement demande énormément d'investissement aussi bien à la famille qu'à l'enfant. Mais à force d'amour et de patience, les résultats sont remarquables. Terry suit désormais ses cours dans le système scolaire normal, et fait preuve d'une intelligence et d'un humour tout à fait réjouissants, à l'image de ses deux parents. John et moi sommes nés à deux mois d'intervalle au Canada, alors que nos pères respectifs étaient encore étudiants tardifs. Nos familles habitaient deux maisonnettes mitoyennes, et malgré notre départ précipité du Canada lorsque j'avais deux ans, nos mères sont restées amies jusqu'à la mort de maman. John habite Vancouver et la distance fait que nous ne nous voyons que très rarement, mais nous constatons à chaque fois, avec un étonnement joyeux, à quel point nous sommes liés par un formidable sentiment de fraternité. La communauté de biberons laisse des traces !

Il y a eu aussi beaucoup de visites d'amis, d'amies, parfois avec leurs enfants, tout petits, et ce bain de bibouches parisiens a été très marrant. J'ai ainsi pu tester la validité de mon appartement. Unanimité sur le canapé en cuir brun qui s'escalade vaillamment, se révèle un excellent trampoline et ne craint ni les bavures ni les coups de pieds. Engouement absolu à tous les âges pour la table basse indienne, en forme de baquet rond à bord bas, ultra stable, facile à investir, et servant d'appui, de bateau, d'avion, de barre au sol, de contenant efficace à pluie de jouets ou à jetons de poker (le jeu favori du fils de Bashka, 4 ans). Et intérêt très marqué pour les portes coulissantes, dont il faudra vérifier qu'elles ne se referment pas trop souvent sur les petits doigts. Penser à fabriquer de petits coussinets stoppeurs.

Mimi est venue d'Italie avec Phong, qui devient, déjà, à dix ans, un vrai petit gars, vif, autonome, charmant et super drôle, bon en maths et chantant toute la journée. Là encore, les années mettent en évidence l'empreinte forte, et positive, de ses deux parents, intelligents, curieux, et dédiés au bonheur de leur fils. Même les légères déformations physiques de la petite enfance, dues à une naissance prématurée chaotique et à quelques années passées dans un orphelinat trop pauvre, ont totalement disparu d'elles-mêmes. Phong est maintenant tout à fait symétrique, beau comme un samouraï et véritable bourreau des cœurs. Seule ombre au tableau, sa positivité à l'hépatite B ne se résorbe pas, mais il faut garder espoir en l'évolution de la médecine au XXIe siècle.

Et puis Angie, l'Américaine amoureuse d'un de nos amis français, scénariste et réalisatrice indépendante de talent, qui à sa grande surprise, s'est retrouvée enceinte à 47 ans, pour la première fois de sa vie et sans l'avoir prémédité. Elle accouche en juin, c'est un garçon, et nous rions beaucoup à comparer nos états d'âme et autres parcours physiques de «vieilles» jeunes mamans... Angie a l'air d'avoir 32 ans, en vérité, et sa propre mère l'a eue à 40 ans, ce qui à l'époque était extrêmement tardif. Rien de si bizarre, donc, au fond. Elle est tout de même beaucoup plus surprise que moi mais nous finissons toutes deux par conclure que nos grossesses sont de véritables bénédictions. Sachant que bien sûr, les enfants portant généralement bonheur, leurs deux mamans hyperactives se retrouveront très prochainement avec à la fois quelques bébés et de gros projets sur les bras. C'est la loi de la vie, et il en faut plus pour nous faire peur.

Et puis il y a aussi eu le grandiose anniversaire d'un ami talentueux et privilégié, pour qui avait été loué un bateau sur la Seine. Magnifique fête, tout le monde est là, cinéma, rock et sports divers, la réception est somptueuse et ça se marre bien. Ted et moi retrouvons le noyau dur des amis de toujours, le maître de maison (enfin, du bateau en l'occurrence) et ses potes nous offrent un bœuf (musical!) très réussi... C'est la toute première fiesta des jumeaux, et la première fois que j'ose prendre la permission de minuit, efficacement escortée par Ted. Écrasée de fatigue le lendemain, je me rends tout de même au studio, où Ted et moi devons diriger une séance de coaching en anglais. Nous réussissons à travailler cinq heures d'affilée et d'arrache-pied. Le soir, je ne sais plus comment je m'appelle, mais je suis toute contente d'avoir réussi à m'extirper temporairement de la routine que je m'impose depuis plusieurs mois.

Je viens donc de passer quelques semaines d'une vie sociale trépidante, digne d'une châtelaine au carnet d'adresses joufflu. Et dans tout ça, les jumeaux, bien tranquillement, se sont mis à jouer au foot à tour de rôle, comme il est d'usage pendant le cinquième mois. Imperturbables, ils se montrent parfaitement normaux à chaque échographie et provoquent la béatitude des médecins, lorsque les petites croix rentrent dans les courbes prévues à cet effet. « J1 » est un peu plus grand que « J2 », il donne aussi plus de coups de pied, et à la dernière image il était tranquillement étalé sur le dos, les jambes croisées et les mains sur le ventre... « J2 », toujours plus discret, avait réussi lui aussi à trouver l'espace pour s'étaler entièrement, mais gardait une main sur l'oreille et a refusé de donner clairement son visage à l'échographe. Nous sommes toujours en train de chercher des prénoms. Mes petits choux. Je suis gaga, je n'arrête pas de leur dire que je les aime et de les câliner par massage de ventre interposé.

Cela dit, chaque fois que je croise mon reflet rebondi dans une vitrine, je sursaute encore et mets une fraction de seconde à me reconnaître. Exactement comme lorsque, il y a de nombreuses années, je suis soudain devenue blonde. Cette nouvelle personne dans le miroir, le matin, a mis du temps à me devenir familière. Ce qui me fait penser qu'il faut que je trouve le courage de retourner m'asseoir chez le coiffeur. La brunerie est en train de reprendre doucement ses droits sur mes racines, et il n'en est absolument pas question ! Et, heu, oui, je revendique sans aucun complexe toute la futilité de cette dernière phrase. La couleur sur les racines, d'accord, c'est interdit par sécurité pour les enfants, les produits toxiques pouvant traverser la peau de mon crâne, mais personne n'a dit qu'on ne pouvait pas faire de mèches. Je vais redevenir une vraie blonde incessamment sous peu.

***

Voici maintenant que notre sixième mois a commencé. J'ai dû subir le test totalement écœurant de la recherche de diabète. À jeun, on vous demande d'avaler une dose massive de sucre, sorte d'ignoble liquide visqueux et âcre qui vous ferait vomir sur place, pour vous refaire une prise de sang deux heures plus tard et constater le taux d'assimilation du poison. Au bout d'une heure, le chaud me monte au cœur, je suis prise d'un malaise et dois allonger d'urgence mes abattis en travers du minuscule canapé au fond du laboratoire. C'est normal, me dit-on... Sauf que personne ne m'avait prévenue. Je fulmine dans mon coin. Avec une telle dose de sucre pur dans le citron, c'est sûr, si je n'avais pas de diabète en arrivant, j'en aurai en repartant ! Mais le test s'avère négatif, tout va bien, mon métabolisme fait face et je peux compter sur lui. J'ai également récupéré ma courbe de poids, je me surveille, terminado les petits plats de pâtes et les bonnes tartines coupe-faim, j'épluche autant que je peux des casseroles de légumes bio, et je me venge sur les yaourts et la viande des Grisons. Le docteur est satisfait et ne ronchonne plus. Je sais que les enfants ont largement de quoi se nourrir sur la bête, et je leur envoie tous les minéraux et vitamines dont ils ont besoin, donc aucune inquiétude de ce côté-là. Et puis bon, de temps en temps, un petit gâteau, tout de même, partagé avec une bonne copine, juste histoire de garder le moral...

À Londres, Sandra a donné naissance à la petite Jane et pouponne activement. Sandra fait partie de la bande, les filles de plus de quarante ans à carrière costaud et métiers ultra-prenants. Après avoir été, très jeune, l'un des agents artistiques les plus influents de Los Angeles, elle est désormais productrice indépendante de cinéma à Londres, ce qui laisse peu de temps pour une vie privée quelconque. Voyant le temps passer, elle a eu recours à un don de sperme pour Jane et se retrouve enfin maman, crevée, me dit-elle en riant, mais comblée. Nous pourrons bientôt organiser des échanges internationaux pendant les vacances, et Jane, aussi jolie que sa maman, aura deux petits chevaliers servants pour elle toute seule.

En France, ça continue à yoyoter. Les débats sur la crise en Europe se succèdent à la télé et je défie quiconque de se faire une opinion sur le sujet. Malgré de nouvelles manifestations très violentes de ces pauvres abrutis d'« anti », la loi sur le mariage et l'adoption pour tous devrait enfin passer aujourd'hui, mettant la France au diapason de la plupart des pays évolués dans le monde. Au Mali, la guerre n'est pas finie et notre président maintient les troupes. Au gouvernement, scandale autour du ministre de l'Économie qui avait caché au fisc un compte en Suisse de six cent mille euros. On marche sur la tête, et les socialistes ont malheureusement bien du mal à rester crédibles. Pour se racheter, Hollande a exigé des membres du gouvernement l'exposé public et exhaustif de leur patrimoine. Chacun y va de sa petite maison de campagne, de son combi Volkswagen, de ses trois voitures d'occasion ou de son colossal héritage familial, provoquant l'imbécillité générale des commentaires, comme de bien entendu.

Mais chez moi, pas de crise, au contraire. Encore des traductions à finir, du graphisme aussi, Ted a soudain besoin d'une anglophone sur plusieurs sessions d'enregistrements et de coaching, on finit bientôt l'album de Sam qui aura une sacrée belle gueule à mon avis. Bref, suffisamment de pain sur la planche pour culpabiliser chaque fois que je suis reprise d'une attaque de sieste.

Ce qui, soyons honnête, est fréquent. Ah ben oui. Ce n'est pas parce que la vie décide de s'accélérer que la fatigue disparaît. Avec le ventre qui s'arrondit, on se transforme tout doucement en morse, en ours polaire au réveil, en chat Garfield des villes. Le docteur, me trouvant pourtant en forme, me suggère de retourner à la piscine. Sauf que je n'ai même pas encore trouvé le moyen d'y aller. Marcher, oui, mais à petites doses, sous peine de devoir m'asseoir n'importe où pour reprendre mon souffle. Tout effort physique mal calculé me provoque une contraction désagréable et l'impression que mes guibolles vont soudain s'affaler comme du coton. Je prévois mes distances comme une vieille, et cherche des solutions dès que le parcours avoisine le petit kilomètre. Quant à mon cerveau, il a beau avoir récupéré certaines de ses prérogatives, il cède souvent à la pression et redevient ce petit tas de *cottage cheese* familier, uniquement capable de comater devant la télé. Et la nuit, ah, ah ah, la nuit ! C'est là que ça gigote, que les parties de foot s'enchaînent, que mes jambes fourmillent, que mon cœur se met à battre la chamade sans raison, qu'il fait tout à coup hyper chaud, puis trop froid, que l'envie de pisser me lève parfois toutes les heures, que le lit devient un véritable champ de bataille à force de ne trouver aucune position suffisamment fraîche ou confortable... Ted, patient, continue à venir me tenir compagnie et me câliner le week-end, mais les nuits sont rudes pour lui aussi. C'est quoi, ce bazar ? Un entraînement pour les premiers mois des bébés ? Déjà ? Les derniers moments de ma vie où je peux dormir tranquille, et il faut que les nuits soient de véritables symphonies pointillistes, épuisantes et énervantes ? Bon. Alors d'accord. Il suffit de le savoir et d'en prendre son parti, au fond. Je bouquine, je tente de rester philosophe. Seules les rares journées où je me suis poussée jusqu'à l'épuisement absolu me permettent de dormir cinq ou six heures d'affilée. Mais je n'ose pas systématiser le processus, je suis tout de même le mobil-home de deux fabuleuses petites personnes, qui ont besoin de toutes mes forces pour construire les leurs.

Ma psy bienveillante me réconforte activement chaque semaine, et me dit que même si je ne m'en rends pas compte, je suis en train de battre tous les records. Il est rare qu'un transfert d'embryons marche comme cela du premier coup, que les embryons tiennent tous, que la grossesse se passe normalement, surtout à mon âge, et que la maman, même si elle vient de râler pendant une bonne page, se marre joyeusement la plupart du temps. Oui. J'ai une chance folle. Ces enfants sont merveilleux. Ce sont eux qui ont fait tout le travail. Ce sont eux qui ont décidé de rester. Ce sont eux qui nous ont adoptés. Ils ont étudié la situation, évalué le tableau et pris la décision qui va changer nos vies, à tous les quatre ! Alors voyons, cette femme, et son compagnon. OK, ils sont hors normes, ils ne vivent pas tout à fait comme tout le monde, ils ont des métiers excentriques, mais au fond, ils ont l'air bourrés d'amour, et puis le plus souvent quand on entend la grosse voix du monsieur c'est qu'il rigole avec madame ou lui dit des choses gentilles…

— Qu'est-ce que tu en penses, J1 ? On reste ?

— Ouais, J2. Je crois qu'on peut tenter le coup.

— OK, accroche-toi, mon frère, et pousse tes jambes, s'il te plaît, que je puisse mettre ma tête.

— Oh, mais t'es pénible, t'as qu'à pas faire deux mètres non plus !

— Je ne fais pas deux mètres, c'est toi qui es petit !

— Je ne suis pas petit ! Attends qu'on sorte de là, tu vas voir…

Bref, nos enfants sont exceptionnels. Ted a toujours l'air de pencher pour qu'ils portent son nom, ce qui me réjouirait au plus haut point. Au très haut point de pleurer comme une madeleine, à mon avis. Il sera bientôt temps de se rendre à la mairie pour une reconnaissance anticipée, demandée par l'hôpital, donc nous verrons. Maintenant, lorsqu'il m'appelle, il lui arrive de me demander d'abord des nouvelles des petits avant même de savoir si moi je vais bien…

***

Elle.fr de cette semaine, qui tombe dans ma boîte mail. « Les stars sont de plus en plus nombreuses à faire des bébés après 40 ans. » Halle Berry, 46 ans, Marcia Cross, des jumeaux à 45 ans, Estelle Lefébure, 44 ans, Monica Bellucci,

46 ans... Qu'est-ce qu'on est hype, mes petits chéris! Le monde change, on en profite.

Moins chic, je retrouve ce matin ma vieille Laguna avec une vitre explosée. On a volé mon pauvre GPS pourri qui doit valoir 25 euros chez Darty et qui était enfoui dans la boîte à gants. Tout ça pour ça. Le soir, on y retourne avec Ted pour boucher le trou tant bien que mal en attendant la réparation, et quelqu'un a écrit dans la poussière de la carrosserie: «Paris». Oui. C'est ça aussi, Paris. Mais ce n'est pas bien grave. Les jumeaux font une petite partie de foot nocturne pour fêter ça. Mon bidon gonfle à vue d'œil. Je vis une période bénie.

***

J'ai abandonné il y a quelques semaines le projet de scénario d'arts martiaux avec Dan. Passée l'euphorie des premières phases de travail, nous sommes enfin rentrés dans le vif du sujet. Et là, comme cela arrive parfois, j'ai compris que malgré les apparences, nous n'étions pas du tout sur la même longueur d'ondes. Venant d'un milieu d'efficacité et de rationalisme, Jean, le policier dont c'est la première expérience de création, souhaitait avancer coûte que coûte dans l'histoire. Moi, j'avais repéré de grosses failles dans la narration, et surtout dans le témoignage du personnage réel dont nous nous inspirions. J'ai posé trop de questions. Dan les a trouvées inutiles. Je me suis désistée, sentant que le malentendu était profond et ne ferait que s'aggraver. Une création, quelle qu'elle soit, impose son propre rythme, qui peut parfois s'avérer lent et frustrant. Mais je crois que si on ne sait pas le reconnaître, ni l'entendre, on n'aboutit qu'à des résultats fragiles, qui finissent par céder à la pression au mauvais moment. Pour que l'irrationnel vienne enrichir, consolider, enraciner le rationnel, il faut accepter de suivre son instinct, et de travailler très dur, sans idée préconçue sur le type de résultat qu'on peut faire surgir. Seulement, cette incertitude comme principe fondateur est difficile à faire entendre aux esprits pour qui deux et deux, quoi qu'il en soit, font quatre. Je reste donc amie avec Dan et lui conseille de simplifier son projet et de revoir ses objectifs de façon réaliste. Par exemple en commençant par tourner un petit documentaire amateur sur son personnage, qu'il côtoie régulièrement. Qui sait? Nous nous retrouverons peut-être plus tard, sur une autre phase de son travail.

***

Ah j'oubliais. À la cour d'Angleterre, la grossesse de Kate Middleton se passe bien. Ouf.

***

Une idée saugrenue me traverse ce matin, alors que je me dirige à pas de fourmi vers la Fnac, toute proche du garage qui est en train de réparer ma vitre de voiture. Je suis la version kangourou-escargot des Rois Mages. Transportant précautionneusement la Myrrhe et l'Encens vers le Divin Enfant, et faisant bien attention de ne pas en renverser une goutte sur les chemins escarpés qui mènent à Bethléem. Sauf que dans mon cas, le Divin Enfant, c'est moi qui le porte. Ils sont même deux, avec tout le reste de la crèche d'ailleurs, vu que je souffle comme un bœuf et que je deviens étourdie comme un âne. Un automobiliste me klaxonne parce qu'il trouve que je ne traverse pas assez vite le passage piéton, alors que le feu est au rouge. Je reviens sur terre, ma douce nature refait surface. En bonne Parisienne, je ralentis encore au beau milieu du passage piéton et je le traite d'abruti de façon copieuse et sonore. Et puis je vois que la voiture porte un macaron « conducteur handicapé ». Magnifique, l'hôpital qui se fout de la charité ! Du coup j'arrive à la Fnac en rigolant toute seule.

Ne vous inquiétez pas, mes petits chéris, je n'attends pas de vous que soyez les messies de quoi que ce soit, le coup des Rois mages, c'était juste une métaphore due à des décennies d'imprégnation par les santons de Provence. Être soi-même, apprendre à profiter des vraies belles choses de ce monde, dans le respect des autres, c'est déjà tout à fait suffisant pour une vie. C'est la seule mission que nous vous proposerons, en espérant être à la hauteur. Et puis vous disposerez, car la vie, comme le français le dit si bien, ça se donne. Sans condition.

Remarquez, si vous voulez que les parents juifs de Ted s'évanouissent, on n'a qu'à vous appeler Jésus et Mahomet...

Il va falloir s'occuper sérieusement de cette histoire de prénoms.

L'échéance de la démarche de reconnaissance préalable en mairie approchant, j'ai demandé à Ted s'il avait réfléchi à la question de sa paternité. Son discours a beaucoup évolué en quelques mois. « Je me réveille un matin euphorique, le matin suivant je suis effrayé par ce qui nous attend, mais le lendemain matin je suis de nouveau euphorique... », me dit mon beau chéri, qui ne me ment jamais. Il a toujours été clair entre nous que je ne lui demanderais jamais d'aller contre son cœur. Mais il serait un papa tellement plein d'amour que j'espère, pour lui, pour moi et surtout pour mes deux enfants, que sa joie l'emportera finalement sur la peur. Et puis, concrètement, si je devais mourir avant la majorité des garçons, (touchons du bois !), j'aimerais qu'ils aient une famille sur qui compter, afin qu'ils ne risquent pas d'être envoyés par les services sociaux en foyer ou en famille d'accueil. En effet, mon papa français a beau être mon père de cœur, nous ne sommes civilement rien l'un pour l'autre, puisque officiellement, je suis restée la fille de mon géniteur biologique. De plus, il est malade, et ne pourrait pas s'occuper de deux enfants. Pas plus que mon demi-frère, qui n'est pas en parfaite santé non plus et vit seul. Le reste de ma famille « de sang » se trouve au Canada et j'ai des liens bien trop épisodiques avec eux pour imaginer qu'on confie mes enfants orphelins à qui que ce soit outre-Atlantique, si tant est que la loi française le permette, d'ailleurs. Donc, si Ted est le papa des garçons, tout danger est écarté et ils auront une belle famille nombreuse, bien à eux. Je fais une énorme insomnie cette nuit, mais cette fois-ci, je pense que je sais pourquoi. Rien n'y fait, ni la lecture ni la télévision ni les verres de lait. Et à mon avis, Ted ne dort pas très bien non plus de son côté. Il y a des moments, comme ça, où des destins se jouent, en silence et tout en douceur. Il faut laisser le temps faire son travail.

À propos de famille au Canada, ma demi-sœur et ma cousine m'ont récemment écrit que mon père biologique est en piteux état. Grâce à son frère, il aurait été accueilli dans un foyer social pour SDF, situé près de sa maison natale sur l'île de Vancouver. Il est malade, se laisse aller, on ignore combien de temps encore il va tenir. Je ne suis pas triste, il partira comme il aura vécu : victime de lui-même mais ayant, au fond, mené sa vie comme lui seul l'entendait. Étudiant brillantissime, il est devenu géologue, pour se placer rapidement en marginal rebelle de la géologie. En l'absence de succès de ses théories décalées et, à mon humble avis, paranoïaques, il a malheureusement fini par n'être plus qu'un marginal tout court, sans attache ni repère. Je ne l'ai pas fait prévenir de ma grossesse, et je n'ai pas envie de le faire pour l'instant. C'est peut-être mon père biologique, mais ce ne sera pas plus le grand-père des enfants qu'il n'a su être un papa pour moi. Le grand-père des enfants, c'est mon papa André, celui qui vit à Angers et qui m'a véritablement élevée et suivie toute ma vie. Je réécris mon histoire, je la reconstruis sur des bases plus aimables et laisse les boulets s'éteindre d'eux-mêmes, après tant d'années d'errance et de questionnement. La chaîne est rompue, enfin. À nous, désormais, d'en inventer une autre.

***

Soyons clairs. Cette fois, j'ai tout essayé. Ce dimanche, je me suis poussée à fond, les courses avec Ted jusqu'à ne plus tenir sur mes jambes, une énorme entreprise de cuisine pour les copains, je ne ferme pas l'œil de la journée, je suis debout, je m'agite, je rigole, je reçois, j'en profite et j'essaie de ne pas trop écouter mes jambes en coton. Ce soir, c'est décidé, je vais bien dormir. Je me couche vers 23 heures, deux pages de roman et je sombre, ravie. Ma dernière pensée avant le trou noir est pour la merveilleuse nuit qui m'attend enfin. Mais un réveil en sursaut à minuit trente-trois exactement me fait rapidement déchanter. Minuit et demi, et j'aurais juré qu'on était au petit matin ! Réveil suivi d'un autre à quatre heures dix, irrémédiable, celui-là. J'engloutis la moitié de mon roman avant de réussir à somnoler un peu de sept à huit. Renseignements pris, il paraît que c'est tout à fait normal d'avoir perdu le sommeil à ce stade de la grossesse. Ah bon. Et qu'il est très possible que je ne le retrouve pas d'ici l'accouchement. Huh huh. Donc en gros, il faut juste que je m'habitue à l'idée que mes trois cents, voire huit ou neuf cents prochaines nuits seront entrecoupées de réveils réguliers. Et que les jours correspondants me demanderont de lutter constamment pour garder les yeux ouverts. Ensuite, à partir de mille environ, il y a une petite chance que ça se rétablisse. Mille et une nuits pour mes deux bibouches, une véritable histoire d'amour et de survie, comme dans le conte... Il faut juste que les nerfs de Shéhérazade tiennent le coup. Ted me dit qu'en Tunisie, on appelle ça la *douda*, cet agacement des nerfs et des muscles qui vous fait sauter dans tous les sens comme une puce enragée. Et la *douda*, à force, ça file la *rasra*. Et alors, une fois qu'on a la *rasra*, il vaut mieux se lever un peu et boire un verre de lait pour se calmer...

Dans les périodes de sommeil que j'arrive à voler la nuit, les cauchemars se succèdent étrangement. Je crois que mon inconscient achève de faire le grand ménage pour l'arrivée des petits nouveaux. Le grand ménage. Ma psy lacanienne sourit et j'entends ce que je viens de dire. Eh oui. Je me mets finalement en ménage, je fonde une famille... Quelle aventure. La plus banale du monde, et la plus indicible et extraordinaire. Le truc le plus dingue et le plus normal que j'aie jamais vécu. Et j'en ai vécu, des trucs. Ce qui me fait d'autant plus apprécier la période en cours. Quelques pistes de prénoms apparaissent dans nos conversations avec Ted.

Ted, qui, et il faut le connaître pour comprendre la taille de l'événement, se met à s'intéresser à la cuisine. J'hallucine. Mon ours des cavernes qui n'a jamais cassé un œuf de sa vie, préférant se ruiner chaque jour en *take away* que de faire bouillir de l'eau pour les pâtes, se jette soudain sur le couteau éplucheur, taille des radis en étoile, cherche des recettes de poulet yassa pour recevoir ses amis, confectionne une petite poche à mayonnaise pour décorer des œufs de caille... Je suis dans l'ahurissement le plus total. C'est peut-être l'effet de la paternité à venir, ou, plus probablement, de la nouvelle émission fétiche des français, *Top Chef*. Soudain, le pays entier se passionne pour la cuisson al dente du boudin noir et le dressage des copeaux de carottes subtilement caramélisées à la badiane. Et même si chez nous, comme dit Ted en rigolant, ce serait plutôt « Pov'Chef », je vous le dis. Tout peut arriver, dans la vie. Absolument tout. Il ne faut jamais désespérer.

L'animatrice de télévision Alexandra Sublet, je le lis dans un magazine féminin, parle dans un livre récent du baby-blues ultra-violent qui s'est emparé d'elle à la naissance de sa fille. Elle qui, à l'écran, n'est qu'énergie et rigolade, et qui ne doit pas avoir trop à s'inquiéter pour s'offrir des nounous et autres aides en tout genre. Ah. Il y a ça, aussi. Le risque de déprime après l'accouchement. L'enfoncement dans la douce jelly de l'apitoiement sur soi-même et la noyade au quotidien. Bon. On verra bien. Ted est prévenu, s'il voit les symptômes apparaître, il faudra agir. Moi, au fond, je m'en fiche, je serai au fond du trou, je ne pourrai plus rien faire... On se marre, et j'ai toute confiance en lui pour m'aider si ça m'arrivait. Même si, comme toutes les futures mamans, je me dis pour l'instant que, bien sûr, ça n'arrive qu'aux autres.

***

On a beau dire et beau faire, il n'y a que deux côtés possibles pour se coucher quand on est enceinte. Sur le dos, on est vite écrasée par le poids du bidon, et bien sûr impossible de dormir sur le ventre, à moins d'être une équilibriste et d'avoir l'habitude de faire la planche sur un gros ballon instable. Il reste donc le flanc droit, ou le flanc gauche. C'est binaire. Zéro ou un. Et très insuffisant. Cette nuit, j'ai tellement la bougeotte que je rêve confusément d'avoir au moins six ou sept côtés, pour me sortir de cette alternance restreinte qui ne permet pas de trouver la bonne position. Pour compenser, après un petit déjeuner à 5h43, je dors comme une masse jusqu'à 11h48. La vie de château, quoi. Si ma carrière dépendait de mon énergie du moment, il faudrait penser sérieusement à la retraite anticipée.

En y réfléchissant, après plus de vingt-cinq ans de métier, c'est la toute première année de ma vie où j'ai les moyens, en restant raisonnable, de ne pas courir après les contrats pendant quelques mois. Ça valait le coup d'attendre.

La vie de château, on vient de se la faire, et belle encore. Deux jours de conte de fées. Le week-end dernier. Nous n'avions pas quitté Paname depuis Noël, et sous peine de voir mon chéri qui bosse dix heures par jour devenir tout pâle puis tout vert puis tout malade, j'ai décidé qu'il était urgent d'aller voir des arbres. Deux jours de vacances à une toute petite heure de Paris, histoire de respirer ensemble sans prendre de risque inutile pour ma santé et celle des mini-twinz. Je pianote sur internet et nous dégote un week-end dans un château au nom improbable. Bourron-Marlotte. Au moins, si c'est nul, on pourra toujours faire des blagues crétines avec le nom.

On tombe avec ravissement sur une magnifique demeure de princesse, restaurée dans les règles de l'art, nichée dans un grand parc tout frais et tout silencieux, de l'eau de source coulant dans les douves et de grandes étendues boisées entourant un jardin à la française, le tout élégant sans être ostentatoire. Le château appartient à une jeune famille très accueillante, qui ne ménage pas sa peine. Nous avons droit à la chambre Récamier, tendue de tissu Louis XV et dominée par une cheminée ancienne aux boiseries dorées au bronze. C'est tellement agréable, historique, anachronique, qu'on en glousse comme deux gamins qui ont fait une grosse bêtise. Le lit est juste parfait, immense comme il faut, avec de bons ressorts ensachés, comme ils disent dans les catalogues, la douche et la baignoire coulent à flots, la faïence est artisanale et italienne, et, luxe suprême, il n'y a pas de télé ! Mon chéri fumeur va faire son petit tour matinal dans le parc et, en compagnie du labrador de la maison, croise des écureuils, des lapins, et de drôles d'oiseaux blancs qui pourchassent les carpes bien grasses nageant dans les douves.

Le village attenant est tout de pierre de taille, avec une excellente auberge sur la petite place. Pays de cocagne, certes, avec habitants catégorie luxe, mais pour la première fois depuis des semaines, le plein soleil est au rendez-vous et dans notre béatitude, nous voilà, bien à l'abri derrière nos lunettes de soleil, le cheveu en bataille et la mine hilare, à siroter notre apéro en survêtement au milieu du petit marché du samedi matin. Puis grande balade dans le parc, entrecoupée d'une sieste dans les sous-bois, vautrés sur une couverture et la tête sur une pierre couverte de mousse toute douce. Malgré le poids de mon ventre qui gonfle joyeusement, je marche plus facilement qu'il y a quelques semaines. Le soir, au diable l'avarice, on se tape une cloche d'enfer au restaurant gastronomique installé dans les anciennes écuries du château.

Bien au frais sous les arbres, servis aux petits oignons par un personnel habile et chaleureux, les somptuosités culinaires défilent dans nos assiettes. Sur le comptoir trône la photo de Mick Jagger entouré de tout le personnel de cuisine. Nous décidons que c'est notre dîner de fête pour souhaiter la bienvenue aux jumeaux dans nos vies. On ne se refuse rien, on s'aime, on est heureux.

Cette nuit, après avoir salué le héron du parc en traversant les douves, blottie près de Ted dans le grand lit confortable, je dors beaucoup plus profondément que d'habitude. Je rêve que j'ai oublié le texte de ma prochaine intervention dans une pièce historique dirigée par Roger Planchon (le metteur en scène vénéré de mes débuts comme silhouette dans George Dandin de Molière), et que cette connasse de scripte refuse de me laisser jeter un œil au manuscrit... Ce qui ne m'empêche pas de me réveiller d'une humeur de rose pour descendre prendre le petit déjeuner, instant crucial, s'il en est, dans notre escapade.

Parce qu'attention. Nous avons aussi une mission d'importance à accomplir pendant ce week-end de rêve. Devant un bon chocolat chaud, parmi les tapisseries d'Aubusson et les croissants frais, il y a du travail à la maison ! Les deux gros livres de prénoms prêtés par Ingrid posés sur la table, nous faisons des listes, ça se précise...

De ma vie entière, je ne me souviens pas d'avoir été aussi heureuse que ces derniers temps.

De retour à Paris, je me mets au travail. Après avoir traduit pour elle une comédie anglaise qu'elle fera travailler à ses élèves l'an prochain, j'ai promis à Bashka de réaliser l'affiche et les tracts du Marivaux qu'elle monte pour le festival Off d'Avignon cet été. Infographiste du dimanche, c'est l'une de mes activités secrètes. Si seulement mon ordinateur voulait bien ne pas bugger toutes les dix minutes, en raison sans doute du poids énorme du fichier qu'il faut mettre en route pour réaliser une affiche 40×60 cm à la taille réelle. J'imagine qu'un graphiste professionnel aurait toute une méthode de travail à me communiquer. Tant pis. Ça fait aussi partie du jeu, de défier la machine et les softwares compliqués.

***

D'après le livre des prénoms, « Kong » est un prénom d'origine vietnamienne, usité en France, qui signifie « intelligent. » Toujours se méfier des traductions hâtives.

***

Ma copine Angie, qui devrait accoucher en juin, a une jolie théorie sur les grasses matinées forcées des femmes enceintes. Elle prétend qu'un aimant s'est glissé dans son lit, qui ne se désactive qu'à partir de 11 heures… La beauté de la phrase, c'est qu'Angie est américaine. « *Magnet* », en anglais, ça n'évoque pas grand-chose. Mais sa traduction en français, « aimant », proche parent du verbe aimer, illumine l'image. Nous portons de petits aimants qui nous clouent au lit le matin et que nous aimons déjà. Mes deux petits aimants à moi ont bien grandi, ils pèsent plus d'un kilo chacun et sont toujours confortablement installés tête contre tête, les pieds en bas, l'un vertical et son frère de traviole. Ça tapote doucement dans mon ventre, gentiment, en alternance. Parfois, lorsque je me penche trop longtemps en avant, un petit coup de tête vient me rappeler à l'ordre, dis donc, on n'a plus la place, c'est quoi cette position ? Alors maman se marre, se redresse dans sa chaise et caresse son ventre pour rassurer ses deux petits chéris. Pas de souci. Restez là, et on ne sort pas avant le 13 juillet, on s'est bien compris ? Pour l'instant, le docteur dit que « le col résiste bien », ce qui se traduit par : aucun risque d'accouchement prématuré pour les temps à venir.

Nous parvenons au terme du sixième mois, et je sais désormais que même si je devais accoucher en urgence, il y a de fortes chances qu'on puisse sauver mes bébés, grâce aux progrès de la médecine moderne. Un énorme poids a quitté ma poitrine, et, miracle des hormones sans doute, la pêche revient. Je travaille plus et mieux, je bidouille la maison pour préparer la chambre, je fais les courses vaillamment, je vais au théâtre voir les copains, j'ai le moral à bloc et même si les escaliers sont toujours mes ennemis jurés (bientôt il me faudra un treuil), même si je marche toujours à deux à l'heure, je me sens beaucoup plus autonome. Comme m'a dit le médecin cette semaine : « Mais elle est en forme, Marianne ! » (Ben oui... C'est mal ?) Et de poursuivre, je crois que ça lui a échappé : « Elle est incroyable, Marianne ! »

Ah bon. Tant mieux si les petits peuvent en profiter pour être en pleine santé à leur tour ! Quelle chance mais quelle chance, je n'en reviens toujours pas et je ne cesse de croiser les doigts pour que tout aille bien jusqu'au bout. Ted est très optimiste et très calme, il me fait comme toujours un bien fou. Winston et Alfred ? Jules et Paul ? Ça se précise...

Alors bien sûr, comme je venais tout juste de me résoudre à profiter de ces derniers mois de « vacances », à me mettre au tricot, à rester calme et inactive, le boulot vient à moi comme la montagne à Lagardère. La productrice du prochain film écrit et réalisé par Angie vient de m'appeler pour me demander d'être la traductrice française du scénario. Ça ne se refuse pas. Angie a beaucoup de talent, et je ne dis pas ça parce que nous sommes amies. Situé en France pendant la Première Guerre mondiale, ce film est une aventure prodigieuse et remarquablement écrite, l'histoire réelle d'une Américaine en France, pour laquelle une énorme star américaine, une vraie, vient de donner son accord.

Habituellement, je suis capable de rester assise quinze heures par jour et de me concentrer comme le noyau d'une centrale nucléaire pour traduire une pièce, un livre ou un scénario entier en quelques jours. C'est l'un des dons que la Nature m'a faits, afin de compenser d'autres déficiences que, par respect pour la future mère de mes enfants, je tairai ici. Mais étant donnée ma situation provisoire de mobil-home à géométrie variable, je négocie un délai plus raisonnable de trois semaines. Ce qui, de toute façon, est le délai habituel que demandent les traducteurs « officiels ». J'ai lu les dix premières pages proposées à Angie, dans un premier temps, par une traductrice à plein temps pour les productions de cinéma. Et comme souvent, je suis tombée de ma chaise. Faux sens, oublis, maladresses, dialogues devenus lourds et minables... Un assassinat en règle, sans doute exécuté avec les meilleures intentions du monde par une professionnelle de la profession. Enfin bref, merci madame, parce que grâce à vous, c'est finalement moi qui ai eu le job !

Après les traditionnels allers-retours de corrections de dernière minute, petits défauts de maquette, changements de noms, inspiration soudaine de la chargée de diffusion pour rédiger l'invitation tout à fait différemment, tous les documents que j'ai réalisés pour Bashka sont enfin définitivement validés. *Good timing.* Demain jeudi, ultime session d'enregistrement avec Sam avant la validation de tout l'album. Et hop, ensuite, traduction pour Angie, au galop, enfin, à ce qui me sert de galop ces derniers temps. Voilà. En ce moment, ma vie se goupille toute seule.

Tout serait parfait, si le ciel ne persistait pas à être aussi gris sur Paris. Il y a bien longtemps qu'on n'a pas eu un printemps aussi pourri. C'est peut-être dû à notre cher président de la République. Ce type a une capacité apparemment illimitée à se faire pleuvoir dessus, c'est hilarant. Chaque fois qu'il fait une apparition publique, il tombe des trombes d'eau, et il reste là, stoïque, sans parapluie, ses petits cheveux clairsemés et teints en brun collés à son crâne. Même quand il se rend au Maroc, il pleut! Toute la France en rigole. Il faut bien rigoler de quelque chose. Google actualités indique que nous sommes officiellement entrés en récession économique ce matin. Les Allemands, eux, négocient la hausse des salaires dans la métallurgie et brandissent leur croissance positive. Les relations franco-allemandes se tendent, paraît-il. Les fantômes pointent le bout de leur nez hideux. Et nous, qu'est-ce qu'on y peut?

Retour à notre petite bulle d'amour et de grossesse. Le berceau double des jumeaux vient d'arriver des Pays-Bas. Le fou-rire s'empare de nous en déballant cette étrange chose parfaitement écologique mais livrée en kit, faite de multiples morceaux de bois naturel et coton bio, destinés à former un magnifique berceau suspendu, sans aucune substance toxique pour venir perturber les bébés. Pour l'instant, ça ressemble plutôt à un tas de machins avec des trucs, et nous à deux martiens qui ont trouvé une poule sur la lune. Il va falloir aussi vérifier rapidement que lorsqu'on enlève l'un des deux enfants de ce berceau suspendu, l'autre ne verse pas sur le côté. Re-fou-rire. C'est promis, le week-end prochain, on se penche sur l'affaire des bouts de bois et du coton bio.

***

Visite salutaire au merveilleux ostéopathe, énergo-thérapeute plus exactement, qui me suit depuis plus de vingt ans. Un petit *reset* des champs magnétiques, une potion magique d'oligo-éléments en homéopathie, la révision des cent mille me fait beaucoup de bien. Mon sommeil s'apaise, je me réveille le matin sans fatigue. Et tôt ! L'aimant du matelas piégé est provisoirement désactivé, il ne reste que l'amour, qui donne des ailes.

Par la même occasion, j'entre chez un coiffeur de Montmartre dont la devanture arty me fait marrer. Il s'est auto-intitulé « capilliculteur », et les reliques vintage côtoient l'art moderne et les postiches capillaires extravagants dans sa vitrine *old style*. Je redeviens enfin une vraie blonde sous les mains expertes de ce gaillard sympathique, bon vivant, sculpteur à ses heures, fan de surréalisme et de Django Reinhardt, déjà grand-père, et exerçant la coiffure avec énergie et bonhomie dans le salon fondé par ses parents après-guerre. Son coloriste est féru de danse contemporaine et de théâtre, nous parlons boutique tout l'après-midi. Paname, dans toute sa splendeur.

***

Décidément, avec le beau temps, l'énergie est revenue. Aujourd'hui jeudi, j'ai abattu presque autant de tâches qu'autrefois, dans mon ancienne vie, avant les petits... Traduction intensive pour Angie dès potron-minet, puis rendez-vous au studio pour suivre l'enregistrement de Sam, qui est de plus en plus époustouflant, puis hop, nouvelle voiture pour me rendre au théâtre le soir, retrouver mon équipe de choux à la crème, pas revus tous ensemble depuis le spectacle qui s'est terminé en décembre, et assister au cabaret actuellement programmé sur la scène où nous avions joué. Jolie soirée, douce, drôle, longue, alimentée par une bonne crêpe chez les copains du café d'en face. Retour à la maison à minuit passé, le carrosse commence à avoir une petite allure de citrouille mais la nuit, tous les ventres sont gris. Mes deux petits chats ont eu l'air d'apprécier leur première après-midi culturelle intensive, ils ont joyeusement gigoté au son des guitares de Sam, puis manifesté dignement leur enthousiasme pendant les applaudissements qui rythmaient les numéros du cabaret du soir. On se marre bien, tous les trois.

Paul et Jules. Pour Ted comme pour moi, ça semble se confirmer. Quant aux deuxièmes prénoms, ils étaient choisis depuis un moment. Facile. La maman de Ted s'appelle Andrée, mon papa de cœur s'appelle André. Ma maman s'appelait Simone, le deuxième prénom de son papa est Simon... Ce sera donc, très probablement, Paul André et Jules Simon. Paul, c'est « J1 », le frère placé sur la gauche, et Jules, « J2 », le frère placé à droite. J'ai essayé d'inverser mais pour une raison mystérieuse, ça ne marche pas du tout.

Je carbure beaucoup plus vite que prévu sur la traduction d'Angie. Au bout de trois jours de travail, j'ai déjà atteint le milieu du scénario, en prenant même le temps de relire plusieurs fois chaque passage que je termine. J'imagine que, selon l'expression consacrée, c'est comme le vélo... Une petite réserve d'énergie et de concentration est sans doute stockée dans des ballons de secours, pour se libérer dans ce genre de cas. En revanche, ayant arrêté de maltraiter intensément mon clavier depuis des semaines, je me retrouve avec des courbatures aux doigts. La honte.

***

Dîner de shabbat ce vendredi soir dans la famille de Ted, pas revue depuis des mois. Sa nièce ombrageuse me fait franchement la gueule, sans doute à cause de la ridicule affaire des poulets casher des fêtes de Pessah, que j'ai oubliée de raconter, je crois, mais qui n'a pas grand intérêt. La jeune fille a vingt ans, est gothique, passablement inculte, et trouve sans doute chic d'être mal élevée. Encore vexée d'un malheureux texto anodin qui, destiné à Ted, lui était parvenu par erreur, elle ne desserre pas les dents même pour simuler un minimum de politesse envers moi. Par respect envers la maman de Ted qui nous accueille, je fais un effort. Finalement, grâce à une conversation patiemment indigente sur les vernis à ongles, je finis par dérider la sombre jeune fille en noir. Eddie et Andrée reviennent de Normandie et partent dans quelques jours rendre visite à leur fils Mickael à Dakar. Ensuite, ils vont en Italie. J'espère qu'à leur âge, nous aurons encore l'énergie d'être aussi actifs. Comme toujours, ils me reçoivent avec tendresse et générosité. Le fait que nous ayons choisi Simon et André comme deuxièmes prénoms pour les enfants semble leur faire très plaisir. À nous aussi. Ted est crevé, au sortir d'une rude semaine, aussi, contrairement à l'habitude, nous repartons assez tôt d'Aubervilliers.

Malheureusement, en arrivant chez moi, c'est soudain la malédiction des places de parking dans l'ensemble du quartier. Chaque fois que nous tournons le coin d'une rue, une voiture est en train de se garer sur la seule place libre que nous aurions pu prendre. D'habitude, nous avons de la chance, mais ce soir, exceptionnellement, quelque chose ne veut pas. Mais pas du tout. Ted me dépose finalement à la maison et mettra encore plus d'une heure et demie à caser la voiture sur une place de livraison, certes interdite, mais qui a le mérite d'exister.

Ça a parfois un prix, d'aimer vivre à Paris. Jamais assez élevé, pourtant, pour nous inciter à déménager. La campagne le week-end, génial. Mais Paris est une drogue dure. Tant pis pour les galères de parking.

***

C'est la Pentecôte, et le beau temps n'était qu'une fausse alerte. Depuis plusieurs jours, avec une insistance de plomb, le ciel est plus bas que terre, gris charbon, la lumière filtre à peine. Au festival de Cannes, les stars tentent désespérément d'assortir leurs parapluies à leurs robes du soir et le tapis rouge dégorge sous les semelles de cuir fin. Paris semble s'être dégonflée comme une vieille baudruche. L'adrénaline s'est dissoute dans le coton lourd et opaque des nuages, et moi, conséquence peut-être de mon brusque pic d'activité de la semaine dernière, je me traîne comme un ours blanc sur la banquise fondue. Même les jumeaux semblent subir l'effet des basses pressions, ils ne tapotent du pied que rarement et sans conviction. Tout le monde roupille, même si entre deux attaques de sieste comateuse, je tente péniblement d'extirper de mon cerveau et de mes doigts gourds la suite de la traduction de scénario que je dois rendre au plus vite. À chaque déplacement, même minime, j'ai l'impression qu'un plaisantin a arrimé un semi-remorque dans mon dos. C'est nouveau, cette météo-sensibilité. Encore une des surprises de la grossesse. Cela dit, toute la ville n'est pas enceinte, et toute la ville est épuisée... Il n'y a plus de saisons, ma bonne dame !

***

Les joies de l'administration française. Après m'avoir adressé par courrier, le 6 décembre 2012, une fin de non recevoir mettant un terme définitif à mon projet d'adoption au Mali, l'Agence Française de l'Adoption m'envoie aujourd'hui, le 21 mai 2013, un mail de relance pour savoir si je souhaite maintenir mon projet d'adoption au Mali. Même notre première dame, qui s'est récemment fendue d'un voyage dans le pays, n'a pas obtenu qu'on y débloque le moindre dossier d'orphelin en attente de famille. Le Mali, comme tant d'autres pays au monde, garde jalousement ses pauvres bébés sans famille, sans amour, sans avenir.

Tiens, à propos. Les actualités française ne parlent plus, ou presque, de la guerre au Mali. Ce qui ne veut pas dire que le pays aille mieux ni que les troupes françaises aient dégagé le terrain. Apparemment, on en est à la phase où les Européens forment en accéléré de nouveaux bataillons de l'armée malienne, chargés désormais de mener les combats dans le Nord. Je ne comprends rien à la politique internationale.

... Et pas grand-chose à la politique nationale. Je n'en suis pas fière, mais tout ça reste obstinément flou. Pourtant, ce n'est pas faute d'avoir ingurgité des épaisseurs hallucinantes de cartographies et de listes de dates pendant mes lointaines études en préparatoire HEC. Peine perdue ! Je ne parviens pas à me faire une image claire, personnelle, fondée de la situation. Je sais, en gros, que je réprouve viscéralement les intégrismes et les violations des droits de l'homme et de la femme perpétrées sur cette planète dans l'indifférence générale, et qu'en ce qui concerne la France, je n'aime guère les valeurs véhiculées par la droite. Mais en même temps, j'ai du mal à faire confiance à quelque personnage politique que ce soit. Je ne suis pas la seule, je crois. Les grands modèles ont disparu. Un citoyen de 2013 ne se construit plus en référence à un grand homme ou à une grande femme publique. Ni même à une idée. Ces notions sont sans doute mortes avec le XXᵉ siècle et ses horreurs. Un citoyen, aujourd'hui, se construit en fonction de ses propres convictions, intimes, de proximité. Il me semble que c'est un changement fondamental dans la démocratie. Mais comme je l'ai dit, je n'y comprends pas grand-chose, je vais donc laisser le café du Commerce aux bavards d'internet et m'occuper essentiellement de mes petits oignons. Comme tout le monde.

***

Alors, il faut quand même aborder, brièvement, le côté glamour de la grossesse. Oui. Être enceinte, ça fait péter, roter, souffler comme un bœuf, gonfler, pisser toute la nuit, baver en dormant aussi, ça brûle sauvagement l'estomac, ça tire sur les côtes... Sans compter la grâce de la démarche et les retournements dignes d'un bouledogue option sumo dans le lit chaque jour un peu plus petit. Voilà qui est dit, on ne pourra pas m'accuser d'avoir menti.

Et je le sens bien, le septième mois est un cap nouveau. Plus grosse, plus lourde, encore plus lente... Eh oui. Les petits grandissent, ils prennent possession du mobil-home, ils poussent les murs, ils tapent dans les meubles, ils font la nouba et ils s'en donnent à cœur joie. Et ça fait bien plaisir. Profitez-en, mes chéris. C'est une période bénie, vous êtes cool dans vos petites piscines. De toute façon, il fait un temps de chien, ça semble définitif pour cette année, même Facebook ne parle plus que de ça, la météo pourrie et le moral qui va avec. Donc, il n'y a vraiment pas le feu pour débarquer. Pas avant la mi-juillet, d'accord ? On attend le retour de la lumière.

Poum. Un coup pour oui, deux coups pour non ? C'est drôle, de penser que la toute première communication entre un enfant et sa mère, ce sont des coups. La baston, forme la plus primitive du dialogue... Mais de l'intérieur, on dirait un petit poisson qui se cogne contre l'aquarium, c'est plutôt drôle. Il paraît que dans quelque temps je vais même pouvoir attraper un mini-peton de footballeur, à l'occasion.

Hier soir, séance de travail hilarante avec Angie sur son scénario, que j'ai fini de traduire. Deux *creative women*, comme dit Angie, enceintes jusqu'aux yeux, en train de se concentrer tant bien que mal, de descendre des litres d'eau, quelques morceaux de cake, aussi, et de reculer leur chaise de la table pour ne pas écraser leur bide en forme de montgolfière... On s'en souviendra, de ces séances d'écriture avec petits bonhommes à bord !

Quant à moi, pas de repos pour les braves, dès le scénario livré ce matin, j'enchaîne avec une traduction de roman pour un grand éditeur. Quatre cents pages à rendre dans un mois, avec réécriture s'il vous plaît parce que c'est pour l'instant présenté dans un anglais un peu moche... Boostée par les hormones, ou rendue folle, allez savoir, j'accepte le contrat, en priant pour que l'épuisement que je sens me gagner de nouveau ne devienne pas insurmontable. On verra bien ! Nous voilà donc partis sur les routes de Saint-Jacques de Compostelle avec un acteur américain et son fils. Après les scènes sanglantes des tranchées de la Grande Guerre décrites par Angie, un peu d'air des Pyrénées, ça ne fera pas de mal.

***

Le papier peint anglais qu'on a choisi pour la chambre des petits vient d'arriver, il est drôle, réjouissant et élégant. Mais j'ai un mal fou à trouver quelqu'un pour le poser. Apparemment, le beau papier est plus difficile à poser que le moche. Je reçois des visites successives de bricoleurs avertis qui se dégonflent. Finalement, l'un d'eux semble plus vaillant et prêt à relever le défi. Il porte un nom de personnage de romans et dégage une bonne impression d'équilibre et de calme. Allez hop. De toute façon, je n'ai pas le choix, même soulever un seau de colle, je ne pourrais plus le faire en ce moment. L'immobilité me gagne. Patience et traduction, sous le ciel gris de Paris, pendant que mon Ted travaille toujours comme un acharné. Je commence à avoir très envie de rencontrer nos deux petits garçons.

À l'hôpital, inévitable visite de contrôle qui me permet d'être inscrite en maternité. J'ai vu mon médecin dans le privé il y a dix jours et il m'a assuré que tout allait bien. Mais voilà que ce matin, la toubib de l'hôpital décide de me faire flipper. À partir des mêmes analyses, je précise. Ouh là, les courbes de croissance ont ralenti, et puis vous avez un peu d'albumine, ça peut être très dangereux, et puis vous prenez trop de médicaments, et puis, ah là là, mais vous avez 13/8 de tension, et puis dites donc, mais vous avez pris 8 kilos en un mois ! Et j'espère que vous avez arrêté de travailler, parce qu'à partir de maintenant, hein, le stress, c'est INTERDIT.

... Souffle. Respire. Ne panique pas. Ne la traite pas de connasse.

Je rectifie patiemment : vos balances sont tarées, je n'ai pris que deux kilos et vous m'avez pesée sur une balance différente la dernière fois. La courbe de croissance des petits s'est peut-être légèrement infléchie, mais je vous fais remarquer que nous sommes toujours pile au milieu des normes de sécurité. L'albumine n'est là qu'à l'état de traces et mon toubib n'a même pas jugé bon de me donner un traitement. Quant à ma tension, vous m'obligez à me lever à 6h30 pour honorer un rendez-vous au cours duquel vous me faites flipper avec insistance sans même vous fendre du moindre sourire. En résumé : allez vous faire voir. Et, ah oui. Les médicaments, comme vous dites, ce sont les vitamines et le fer prescrits par mon médecin pour la bonne santé des enfants.

Connasse.

N'empêche, on n'est pas de marbre. L'après-midi, de retour chez moi, je pleure à chaudes larmes devant mon ordinateur. Ted, comme toujours, réussit à me calmer avec gentillesse et douceur. Je parle aux jumeaux, je leur demande si tout va bien, il me semble bien qu'ils s'en tapent, des vieilles toubibs acariâtres de l'hôpital public. Cela dit, je me sentirai mieux à la prochaine échographie, qui, heureusement, est prévue dans dix jours.

Il faut tout de même que j'aille investiguer du côté de cette clinique privée, parce que si c'est ça, l'accueil dans un hôpital public, je ne vais pas trop aimer y accoucher.

Alors, pour nous consoler, je chante « J'ai deux amours... Mon Paulo et p'tit Jules... » Et puis je saute (enfin, façon de parler) dans une voiture qui me dépose au studio de Sam. Dernières rustines de chant sur la dernière chanson. Le marketing de la maison de disques est dithyrambique sur le single qu'on leur a fait parvenir. Les radios mordent à l'hameçon. Ça sent bon. Je me détends, les jumeaux se remettent à bouger, la vie reprend son cours.

***

Il paraît qu'on dit « un enfant, une dent ». J'en ai cassé une au début de ma grossesse, et voilà qu'une deuxième molaire vient d'exploser hier soir. Le compte est bon, deux enfants, deux dents ! J'en serais presque rassurée. Seulement il va falloir retourner d'urgence chez l'homme à la roulette, et ça, j'en tremble d'avance. Il n'y a pas d'âge pour avoir peur du dentiste.

***

Un kilo cinq chacun ! Ça grandit joyeusement dans le mobil-home. Et tout le monde est en pleine forme, n'en déplaise à la grincheuse de l'hôpital. Mes analyses sont redevenues parfaitement normales, les fameuses courbes de croissance des enfants sont à la hausse, mon docteur déclare que tout le monde assure à fond. Et moi, je souffle. « Continuez comme ça ! », me dit-il dans un grand sourire. Je mentionne à tout hasard mes mains douloureuses, persuadée que ça n'a rien à voir. En fait, c'est un phénomène classique chez les femmes enceintes. Ça porte même un nom que j'ai oublié. Une artère du poignet est comprimée, la circulation ne se fait plus correctement dans les mains. Du coup ça me fait rire. Être enceinte, ça fait mal aux mains ! Moi qui croyais avoir des courbatures de clavier... À part ça, au vu de l'examen gynéco, mon docteur est très optimiste, on ne prévoit rien avant le 20 juillet minimum, à huit mois de grossesse, donc. Un temps normal pour des jumeaux. De toute façon il ne part pas en vacances avant le 10 août, donc on peut compter sur lui. Et si personne ne bouge au mois de juin, dès le 5 ou 10 juillet on peut oublier l'hôpital des grincheux destiné à l'éventualité de prématurés, et décider d'accoucher à la clinique, avec lui aux commandes. Le tableau est parfait et je répète bien fidèlement tout ça à mes petits choux, qui m'ont l'air tout à fait à l'aise pour l'instant dans leur bulle chez maman. Comme souvent, je ressors du cabinet médical le pied et le cœur plus légers. Même la secrétaire médicale s'étonne de me voir aussi en forme. Pour elle qui est beaucoup plus jeune que moi, la grossesse semble avoir été un sale moment à passer et le rapport à son bébé, malheureusement, s'en ressent. C'est triste.

Bon, bien sûr, deux jours après ces bonnes nouvelles ensoleillées, je suis terrassée par une sorte de rhume carabiné, pour lequel je n'ai droit à aucun médicament. Entre les poumons de moineau que me laissent les enfants et la patate du rhume, je suis asphyxiée. Et donc, transformée en trompette la nuit... Ted se réveille épuisé, il a failli rentrer chez lui tellement je ronflais fort. Le glamour, comme je le disais...

On récupère des forces en regardant la finale de tennis à Roland-Garros. Pour la première fois dans l'histoire, les deux finalistes sont espagnols. Ha ha. Et magnifiques. Nadal crée la légende en remportant la victoire du tournoi pour la huitième fois. L'être humain peut être époustouflant, parfois. Heureusement.

Et puis il y a le livre à traduire. Les pages se tournent bien trop lentement à mon goût. Je comprends que je vais devoir accélérer le processus, intensifier le travail, si je veux tenir l'échéance de juillet. L'éditeur est satisfait de mes cent premières pages, j'ai trouvé le diapason. Il ne reste plus qu'à surmonter les mains douloureuses, (pour ça non plus, je n'ai droit à aucun médicament), le nez bouché et les crampes au dos sur le canapé, et rester accrochée à mon clavier au minimum cinq ou six heures d'affilée par jour. La seule recommandation de mon médecin a été de ne pas rester assise sur une chaise trop longtemps, par crainte que ça appuie sur le col de l'utérus. Parfois, les hormones ou le rhume prennent le dessus, je m'écroule au fond du canapé dans un sommeil de plomb et me réveille péniblement quelques heures plus tard. Juste au moment où j'avais un peu envie de me plaindre, coup de fil de mon vieil ami Santiago. Santiago a vécu un véritable chemin de croix médical ces dernières années. Hépatite

C diagnostiquée vingt ans trop tard, (son généraliste avait cru voir une dépression nerveuse et le bourrait de tranquillisants), passage très près de la mort, rattrapage in extremis, attente de quatre ans pour une greffe du foie, sa femme le quitte pendant qu'il est hospitalisé et le prive de sa fille... Mais à force d'acharnement, de résistance et de médecine miraculeuse, tout s'arrange. La greffe du foie réussit, une nouvelle fiancée lui donne un nouveau bébé, un traitement révolutionnaire semble s'attaquer efficacement au virus toujours présent, je le crois tiré d'affaire. Et voilà qu'il m'appelle de l'hôpital. Depuis quinze jours, alors que son traitement draconien allait prendre fin, il semblerait que son sang s'autodétruise ou quelque chose dans le genre. Chute de plaquettes, chute de globules, la moelle ne veut plus faire son travail, les médecins tentent le tout pour le tout et le shootent avec tout ce qui leur tombe sous la main. Merde. Il trouve encore la force de rire au téléphone, et je fais tout ce que je peux pour lui soutenir le moral sans tomber dans un apitoiement qui ne sert à rien aux grands malades, je le sais. Ce qu'il leur faut, c'est de la force. Morale. Pour que le corps réponde enfin. En raccrochant, je croise les doigts pour lui et relativise sérieusement mes petits bobos. Encore une occasion qui me fait regretter, même si cela m'arrive très rarement, de ne pas avoir de dieu à prier. Ce serait tellement réconfortant. Mais mon scepticisme naturel ne peut se résoudre à admettre ce que je considère, au fond, comme une facilité un peu trop simple pour être vraie.

J'ai eu l'impression, récemment, que Paul faisait un peu la gueule. C'est drôle. Jules, qui a mis plus de temps à grandir, et qui a bougé plus tard, s'était tout à coup mis à gigoter joyeusement en tous sens. Et de Paul, plus de signe. « Je boude » ? Alors je me suis concentrée très fort pour me connecter à lui tout spécialement. Et au bout d'un temps, de petits coups sont venus me signaler qu'on m'avait entendue, et que, non non, on ne faisait pas la gueule, on se reposait... Enfin, c'est ce que j'ai cru comprendre ! C'est magique, cette relation par l'intérieur. Je sens déjà que nos deux enfants auront chacun une personnalité bien définie, et qu'il faudra redoubler d'attention pour traiter chacun comme il en a besoin. Mais je me rends bien compte, aussi, que nous allons vers un inconnu gigantesque, qui va transformer nos vies au-delà de ce que nous sommes capables d'imaginer pour l'instant.

Angie doit accoucher incessamment, et vient tout juste de finir d'écrire le traitement – soit un synopsis détaillé de trente pages – de son prochain film. Et toc. Il ne sera pas dit que les vieilles sont fatiguées ! Ça me fait beaucoup de bien que nous ayons le même âge, chacune des enfants à naître, et la même énergie de boulot. C'est nous qui sommes dans le vrai. Pas les fossiles qui nous enterreraient bien, nous les femmes, après quarante ans. On n'a pas fini de vous épater ! Et Angie et moi avons toutes deux eu la chance de rencontrer des hommes capables de croire en nous telles que nous sommes.

Ah, et au fait. Le dentiste ne m'a pas du tout fait mal. Tant que je suis enceinte, on ne peut que limiter les dégâts, raboter le reste de dent qui me coupe la joue, et puis attendre la rentrée. Chantier reporté, à mon grand soulagement. Chaque chose en son temps.

***

Papa et Régis sont venus me rendre visite pour la journée. Nous avons fêté en même temps leurs deux anniversaires et la fête des pères en avance. À année exceptionnelle, mesures exceptionnelles. J'ai fait livrer un pique-nique de luxe d'un grand traiteur, on s'amuse bien à déguster nos petits morceaux de foie gras et de homard avec les couverts en bambou spéciaux qui se trouvent dans le coffret. Et puis Régis, toujours aussi doué de ses mains, passe la journée à percer mes murs, fixer le support du berceau, accrocher des placards, réparer tout ce qui était cassé... Quel soulagement. Ted a le dos en compote, en ce moment, et la notion de bricolage l'enchante moyennement. Quant à moi, malgré ma légère tendance naturelle je-suis-un-docker-je-peux-tout-faire-toute-seule, je suis à peine capable de nouer mes lacets de chaussures. Régis m'a d'ailleurs rapporté un petit appareil comportant une pince au bout d'une grande tige, destiné à ramasser ce qui est par terre quand on ne peut plus se baisser. C'était surtout censé me faire rigoler, mais je pense que je vais tout de même commencer à m'en servir discrètement... Papa m'a apporté la première rose du jardin, et un plein sac de layettes datant de diverses époques, retrouvé à la maison à Angers. Il y a même de petites couvertures qui ont servi à me réchauffer quand j'étais bébé... Tout ça me fait fondre et rend encore plus concrète l'arrivée prochaine de nos petits bouts de chou. Pourvu qu'ils aillent bien.

Paul et Jules, on est sûr des prénoms alors ? Je me le demande tout haut en parlant ce soir avec Ted, et il m'avoue qu'il a eu la même pensée en même temps. Il est encore temps de changer d'avis, il nous reste encore un bon mois et demi avant la naissance. Comme dit Ted, on aura peut-être une illumination, un de ces jours. Dans un sens ou dans l'autre.

***

Soirée théâtre hier avec Ted, je réussis à tenir plus de deux heures sur ma chaise, bien calée au fond de notre « baignoire » (petite loge placée en pourtour de l'orchestre, traitement de faveur spécial mobil-home pour personnes imposantes portant au fond d'elles de toutes petites personnes en devenir). Le spectacle est sympathique. D'habitude Feydeau m'ennuie, mais la troupe de comédiens est douée, généreuse et moderne. Un peu long, un peu trop sobre en musique pour cette salle immense qui demande du gros son et du strass, mais bien agréable tout de même. Je salue Marc, mon directeur préféré qui ne m'avait pas encore vue enceinte, et dont la première pièce en tant qu'auteur sera créée à la rentrée dans une autre salle. Ted félicite à la sortie une actrice qu'il connaît. On se marre bien, une petite nostalgie du métier m'envahit. Ça y est, le plateau me manque, alors que ça ne fait même pas six mois que mon dernier spectacle s'est arrêté. Je pourrais décidément très facilement passer ma vie dans un théâtre. Avec toute ma petite famille. À l'ancienne.

Au retour, Ted reprend son scooter et me met dans un taxi. Un taxi complètement dingue, qui fonce sur les deux-roues dans la nuit, pour leur prouver qu'ils ont tort de rouler à côté de lui. Il pile plusieurs fois et me secoue comme un prunier. Je tente de le raisonner, je suis enceinte, monsieur, soyez prudent, mais à un feu rouge, il se retourne. Et je suis soudain d'accord avec tout ce qu'il dit. C'est un jeune géant, obèse, barbu, en survêtement, hilare, avec des dents partout et les yeux beaucoup trop brillants. Je suis montée dans la voiture d'un ogre. Pourvu qu'il ne mange pas mes enfants... La population des chauffeurs de taxi parisiens mériterait une longue étude.

Bon. Bien sûr, ce matin, je paie cash le diabolo-grenadine et le noctambulisme joyeux. Écrasée comme une crêpe (Enfin, une crêpe… L'image est un peu inexacte… Une calzone soufflée triple fromage et champignons, au minimum) au fond de mon lit jusqu'à 11 heures du matin, le nez toujours en choufleur option patate, envie de travailler comme d'aller me faire pendre. Mais la traduction m'attend, et ne va pas se faire toute seule.

Je me demande si je ne préfère pas Pablo à Paul. Ted va y réfléchir.

Et des bonnes nouvelles. Mon ami Santiago a réussi à donner le coup de pied au fond de la piscine, sa moelle épinière s'est remise au travail et il m'appelle pour me dire qu'il sort des soins intensifs de l'hôpital pour retourner chez lui dans le Nord, retrouver sa femme et sa fille, et reprendre les répétitions au théâtre. Les médecins hallucinent. La veille, ils l'enterraient. Le lendemain, ses taux sanguins sont remontés à la normale. Ils ont trouvé le bon shoot. Mais il y a eu aussi, et pour beaucoup, la force de son mental.

Ça y est ! Le petit garçon d'Angie vient de naître, je reçois des photos sur mon iphone avec ce simple commentaire du papa : « Et voilà ! » Oui. C'est un excellent résumé, au fond. Que dire de plus ? Hier encore, on l'attendait. Et aujourd'hui, soudain, il est là. Paf. Pour toujours. Vivant. Comment la chose la plus normale du monde peut-elle paraître aussi dingue ?

***

Les jours de fatigue comme aujourd'hui, mon corps déteste toutes les positions. Inutile de rêver. Si je tends les jambes, j'ai envie de les replier. Si je m'appuie à un gros coussin, j'ai une brusque envie de me tenir le dos droit. Si je suis assise, j'ai envie de me coucher, et une fois couchée, je culpabilise de ne pas être assise. Question pouvoir du mental sur le corps, je me pose là. Je me rends bien compte que je n'ai pas la totalité des commandes du vaisseau. Même le pilote automatique se fiche royalement des indications que je lui donne. J'ai des envies de pizza et de gros gâteaux. Mais dès que je mors dedans je suis écœurée. Je fais des provisions d'eau minérale et soudain je ne veux plus boire que des trucs pleins de bulles. Et arrêtez de me dire que c'est normal !

Allez, au travail. Retourne à ta traduction. Carbure. Tape. Mets en forme. Essaie de t'intéresser au récit. Il ne t'intéresse pas. Tu as tort. Essaie encore. Bon. Alors fais-le sans que ça t'intéresse.

***

Que j'ai sommeil, que j'ai sommeil, que j'ai sommeil. Pourtant j'ai plutôt mieux dormi que d'habitude cette nuit, mais ça n'a pas suffi. Toute action, même ridicule, est un effort. Je ne rêve que de me rendormir. J'annule tous mes rendez-vous de la journée, tant pis, je tente juste de tenir mon rythme de traduction, je fais trois pauvres machines à laver avec l'impression d'avoir accompli un exploit. Rester patiente. Que faire d'autre ? Mais c'est quoi cette envie de DORMIR ?! C'est le rhume ? La grossesse ? Le temps à la pluie ? Le travail soporifique ? Tout à la fois. Je ne sais pas. Je suis une chiffe molle.

Ça m'éneeeeerve.

Hier j'ai eu la visite de ma merveilleuse petite filleule de cinq ans, Ava, avec sa maman Ingrid. Ava m'a dessiné un bel écureuil d'après une peluche qui traînait chez moi dans une boîte. Et elle lui a rajouté un gros bidon, « pour les jumeaux écureuils ! » En partant, je lui ai proposé de dire au revoir à mes deux bébés, expliquant qu'à l'intérieur de mon ventre, ils étaient déjà en mesure d'entendre les voix extérieures. Soudain tout intimidée, elle leur a dit un petit « au revoir » si mignon que les jumeaux l'ont forcément reçu. Ava est en avance sur ses copines, question maturité. Du coup, elle s'est mise à préférer la compagnie des garçons, qui sont tout de même beaucoup moins gnan-gnan. Et plus question de porter les innombrables vêtements roses qui la faisaient ressembler à une princesse, le leitmotiv de l'an dernier. Les garçons n'aiment pas le rose. Donc c'est sans appel. Elle est passée de Barbie à Batman. Cette année, c'est noir et jaune.

En désespoir de cause, sa mère a dû regarnir son placard.

***

Non, décidément, Ted préfère Paul à Pablo.

***

Le bébé d'Angie et Damien, lui, a deux jours d'existence et pas encore de prénom. C'est un petit chou, tout calme, tout mignon, minuscule, à croquer. À la clinique, Ted le prend dans ses bras, et le petit regarde avec étonnement cette drôle de nouvelle figure. Apparemment, ils s'entendent bien. J'ai tellement hâte de voir Ted avec nos fils dans les bras! Mais de façon un peu moins poétique, je me demande aussi comment je vais faire pour tenir deux bébés à la fois, le moment venu. On verra bien. J'imagine qu'il y a des solutions à tout.

D'abord, il faut qu'ils naissent. Qu'ils aillent bien. Qu'ils soient là, devant mes yeux, sur mon cœur, pour que j'y croie définitivement.

Le mois et demi qui devrait rester à tenir s'annonce un peu difficile pour maman Marianne, qui voit soudain ses pieds devenir deux patates toutes bleues dans la chambre de la maternité d'Angie. Trop de chaleur d'un coup, et sans aucun doute trop d'efforts hier. J'ai dû aller remettre en état un petit studio que je loue et dont la dernière locataire s'est acharnée, apparemment, à casser ou endommager tout ce qui pouvait l'être. Pauvre petite fille riche qui, à part briser tout ce qui lui tombe sous la main, ne sait rien faire, ni nettoyer la douche ni changer une ampoule ni même revisser un pied de table. Heureusement secondée par un ouvrier très gentil, j'ai quand même travaillé au maximum de mes forces actuelles tout l'après-midi sans m'arrêter, et je le paie aujourd'hui. Le temps de mettre le mobil-home sur cales approche, on dirait.

Angie me rassure, après la période d'épuisement de fin de septième mois que j'aborde, et qu'elle a connue aussi, elle me dit qu'elle a retrouvé ensuite une meilleure énergie à l'approche de l'accouchement. La nature est machiavélique et s'assure que tout se déroule au mieux... !

L'accouchement d'Angie a été des plus faciles et, en riant, elle dit qu'elle en a été presque déçue, après toutes les mises en gardes des livres et des « amies » qui vous décrivent le calvaire de mettre au monde un enfant. Je vais faire comme elle. Décider de ne pas flipper et que ça se passera bien. Surtout qu'avec une césarienne, tout devrait être sous contrôle. J'apprends à l'occasion que la dernière mode aux États-Unis est de se faire faire une liposuccion en même temps que la césarienne. Voilà comment les stars hollywoodiennes retrouvent la ligne si vite après avoir accouché.

En ce qui me concerne, chaque chose en son temps. Il faut bien qu'il y ait quelques avantages à ne pas être une star hollywoodienne. Le droit de garder son gras du bide quelque temps en est un. Non négligeable.

En parlant de glamour, le rhume persistant continue à faire de moi une fanfare nocturne. La trompette aux pieds bleus, nouvelle version de Fiona, la princesse verte des marais. Ted se réveille défait, il n'a quasiment pas dormi à cause du bruit. Et comme il ne supporte pas les boules Quiès (que j'ai appris à mettre sans problème il y a longtemps pour me protéger de ses ronflements à lui), je ne sais pas quoi faire. L'avantage d'avoir deux appartements, c'est qu'il peut rentrer chez lui se reposer la nuit suivante. C'est un avantage. Mais j'ai vraiment besoin de lui, en ce moment.

***

Petit restaurant italien du dimanche midi en amoureux. En sortant, je me fraie un chemin entre les tables serrées de la petite trattoria, et l'idée me traverse soudain l'esprit : je suis toute fière de mon gros ventre.

Au-delà du plaisir pur qu'il y a à fonder une famille, à décider de mettre un, enfin des enfants en l'occurrence, au monde, il me semble percevoir que le fait d'être enceinte touche à quelque chose d'universel. Une reconnaissance tacite, étrange, invisible. Un rattachement à la chaîne de la vie qui soulage d'un drôle de poids, quelque chose comme ça. Et dans le même temps, on a beau savoir que c'est l'événement le plus banal et le plus courant sur cette planète, on se sent parfaitement unique au monde, un être très spécial investi d'une mission de la plus haute importance. J'ai toujours su qu'il serait crucial pour moi d'avoir un enfant. Je n'imaginais pas à quel point c'est un doux bouleversement. Pour moi, comme pour mon ours chéri qui fond comme une praline chaque fois qu'il pose la main sur mon ventre. Il ne s'est toujours pas décidé officiellement à les reconnaître. Je serai soulagée lorsqu'il le fera.

Et s'il ne le fait pas ?

***

Bon, changement de tactique. Puisque je suis assommée de fatigue toute la journée et insomniaque la nuit, je vais travailler la nuit. En temps normal, c'est mon rythme pour écrire. Tard le soir, ou très tôt le matin. Le calme, le frais de la nuit, l'isolement mental, j'ai toujours parachevé mes charrettes intellectuelles de nuit. Depuis que je suis enceinte j'ai des scrupules à diminuer ma ration de sommeil. Mais ce soir ça a l'air de marcher, je travaille plus facilement, plus vite. Même mes mains me font moins mal, sans doute parce qu'il fait moins chaud. Page 198 sur 400. On avance. Demain est un autre jour.

***

Aujourd'hui, magnifique séance d'échographie approfondie avec Doppler. Plus de deux kilos chacun, mes garçons sont déjà plus grands et plus gros qu'un bébé « simple » à ce stade de la grossesse... Deux costauds, qui se portent à merveille selon tous les critères en vigueur. Cœur régulier et calme, artère du cerveau idem et à une fréquence supérieure à celle du cordon ombilical. J'apprends que c'est le signal d'alarme des enfants à naître. Si la fréquence d'une artère dans le cerveau est inférieure à celle du cordon, c'est que le fœtus se sent mal et qu'il faut aller le chercher d'urgence.

Décidément, la nature est hallucinante, elle a tout prévu. La médecine moderne commence à s'en apercevoir.

Paul a réussi à se retourner, il a désormais la tête en bas, malgré l'espace restreint alloué à chacun. En voilà deux qui seront contents d'étirer leurs abattis après la naissance ! Ils sont tête-bêche et face à face. Chacun chatouille les pieds de l'autre à travers la fine membrane de séparation... Je suis sûre que ça se marre bien, là-dedans. Une très légère insuffisance rénale à surveiller chez Jules, mais rien d'alarmant. Il paraît que c'est fréquent chez les petits garçons, ça se résout généralement à la naissance dès les premiers pipis.

Pas étonnant que je bouge de plus en plus difficilement. À eux deux, ils font déjà plus de 4 kilos ! Et ce n'est pas fini. Dans quel état je vais me retrouver ? On risque de rigoler, en juillet.

Mes petits choux. Ils sont trop forts. Allez, il reste un mois à tenir, minimum. Il ne leur manque que les poumons. En cas d'accouchement prématuré, on donne de la cortisone à la mère pour accélérer la croissance des poumons. Berk. Encore une bonne raison pour ne pas trop vous dépêcher, mes chéris. Mon col de l'utérus semble avoir un peu rétréci mais il n'est pas encore à la mesure à partir de laquelle on décrète un accouchement possible. Je vais quand même lever le pied sur les grandes manœuvres physiques. Mollo, maman, tout doux, bijou. Tu auras tout le temps de gigoter d'ici deux mois.

De mobil-home, je passe au statut de datcha. Fixe, sur pilotis, immuable et tranquille au fond des bois.

***

Ce soir, au téléphone, nous parlons comme d'habitude de choses et d'autres, et puis soudain, en fin de conversation, Ted me glisse qu'il s'est renseigné sur les horaires d'ouverture de la mairie.

... Tu t'es renseigné sur... De la mairie ?! J'ose à peine comprendre ce que je viens d'entendre. Tu as... Mon chéri ?

Eh oui.

Le samedi 29 juin 2013, devant le bureau en mélamine d'une employée de la mairie du 17e arrondissement de Paris, tout au bout d'un long couloir vide, par un joli soleil un peu frais pour la saison, Ted, mon chéri mon amoureux mon ours, est officiellement devenu le père de mes enfants.

Ensemble, nous signons l'acte officiel de reconnaissance. C'est une démarche irréversible mais Ted manie le stylo sans l'ombre d'une hésitation. Aucun doute, il a mûrement réfléchi son geste. Derrière mon gros bidon, je suis plus émue qu'une princesse de conte de fées. Ce bout de papier vaut tous les diamants du monde.

Toute ma vie, je me suis juré de ne jamais faire d'enfant sans père. Finalement, pressée par le temps, par une envie d'enfant irrépressible et à court de solutions miracles, je me suis décidée à prendre le risque. Je suis partie à Barcelone, prête à assumer seule mon futur enfant. Et voilà que je viens de devenir une famille. Comme dans mes rêves. Avec non pas un mais deux enfants, et un magnifique papa pour les élever avec moi.

Ma vie est une jolie bourrique qui n'en fait qu'à sa tête, ne prend que les chemins de traverse, livre rarement dans les délais et adore prendre le contre-pied.

Tiens, ça me rappelle quelqu'un...

À la sortie de la mairie, nous demandons à une passante de nous prendre en photo. Tous les deux, enfin tous les quatre. Moi, mon gros ventre bi-place et mon Ted, dont les yeux brillent d'une lumière toute nouvelle. Déjà que j'étais amoureuse, cette fois, ça dépasse l'entendement.

On s'attable dans un petit restau pour fêter ça. Dans les magasins voisins, on craque pour des habits tout mignons, des nounours tout tendres, des langes en mousseline. On devient parents, tout doucement...

Le papa et la maman de Ted nous adressent un texto très émouvant, parlant de leur joie d'accueillir bientôt leurs petits-fils et de ce geste qui « nous honore ». Mon papa est très content, lui aussi. Quelque chose, dans nos vies, vient de s'apaiser.

***

Visite guidée de la clinique très chère où pratique mon médecin et où, en conséquence, j'ai décidé d'accoucher. Je n'ai confiance qu'en lui. Tant pis pour la facture, on se débrouillera.

Arrivée péniblement en retard, j'ouvre une porte moche pour tomber sur un groupe de visages atteints d'un ennui manifeste. Une brave dame vient de faire une présentation collective de la clinique à toute cette bande de personnes plus ou moins enceintes, empilées sur les méchantes chaises d'une salle vétuste tout en haut du bâtiment. Puis la dame nous invite à redescendre dans les étages. Il y en a sept et nous ne sommes pas autorisées à prendre l'ascenseur. Lentement, non sans bougonner intérieurement sur cette façon d'accueillir des femmes enceintes, j'entreprends ma descente de l'Himalaya. Je suis, de loin, la plus avancée question bidon et tout le monde me double. Enfin parvenue à rejoindre le groupe, je suis stupéfaite de l'exiguïté des chambres. À peine de quoi glisser un berceau à côté du lit, et certainement pas de quoi recevoir dignement le papa ni poser une valise. C'est ça, le lieu mythique où accouchent les stars ?

Non. Ça, ce sont les chambres pour les pékins comme moi qui, pour une raison plus ou moins claire, sont tout de même prêts à payer 250 euros par jour plus les énormes frais médicaux. Les stars, elles, ont droit à des suites, à 600 euros par jour plus suppléments infinis. Et en cas d'extrême VIPisation, de toute façon, on privatise la clinique et on envoie toutes les autres futures mamans s'entasser dans les hôpitaux alentour. Femmes de présidents, ministres et reines étrangères, il ne fait pas bon vouloir accoucher en même temps que les grandes de ce monde.

Puis la dame, fort aimable au demeurant, me communique après une heure de queue devant son bureau une bonne idée de mutuelle, très chère elle aussi, mais qui devrait permettre d'amortir un peu les colossaux dépassements d'honoraires de cette petite enclave de la République Française.

***

Le lendemain, mardi 2 juillet. Rendez-vous obligatoire avec l'anesthésiste de l'hôpital public, où mon dossier court toujours au cas où. Une aimable jeune médecin roumaine (c'est elle qui me le dit), avec une vague allure de sauteuse en hauteur format Jeux olympiques, remplit mon questionnaire de santé, prend ma tension et me confirme fermement que la maison, par principe, est contre les césariennes.

Pourquoi ? Parce que nous préférons les éviter.

Très convaincant. Faites que je n'aie pas besoin d'accoucher ici. Tant pis pour le tarif, les chambres minuscules, le quartier snob ; à n'importe quel prix, je prends la clinique privée et ses césariennes sans condition. Je ressors déprimée de cet hôpital, je m'y sens décidément très mal.

***

Mercredi matin, je traîne de nouveau ma carcasse lourde dans un taxi. Échographie Doppler, impeccable. La charmante madame Choux (ça ne s'invente pas), à la gentillesse aussi efficace que surannée, me rassure. Les miens, de petits choux, vont très bien. Allez hop. Re-taxi. Cette fois-ci, c'est avec l'anesthésiste de la clinique que j'ai rendez-vous. Ce double parcours hôpital public / clinique privée commence à me fatiguer sérieusement.

L'anesthésiste de la clinique, donc, est un monsieur très propre sur lui, à la chemise assortie aux chaussettes, une tête de premier de la classe vieillissant et des honoraires cohérents avec l'ensemble. Il me précise qu'il est évident que mon accouchement se fera, forcément, par césarienne. Ouf. Merci monsieur, vous avez de bien belles chaussettes. Mais soudain, il change de tête : apparemment, j'ai 16 de tension. Le fantôme de la pré-éclampsie rôde. Le monsieur à la jolie chemise panique et m'expédie faire un monitoring dans le service voisin.

Monitoring : opération consistant à enregistrer les battements cardiaques du ou des fœtus sur un moniteur. Ça n'a l'air de rien, mais à ce stade de grossesse, le fait de rester sur le dos, sans bouger, pendant trente longues minutes sur une table inconfortable, saucissonnée dans des élastiques pour maintenir les électrodes, est devenu très pénible physiquement.

Bon. Ledit service voisin trouve le monitoring normal mais m'ordonne tout de même un prélèvement sanguin en vue d'analyses plus poussées. Je rentre à la maison complètement exténuée. En fait, je suis tellement fatiguée ces derniers temps que je n'ose même plus sortir seule pour faire cent mètres à pied dans la rue, de peur qu'il m'arrive quelque chose et que personne ne me vienne en aide. J'ai les jetons. Je suis insomniaque. Ted bosse comme un malade. Je m'achète un tensiomètre.

Le lendemain dans la matinée, le secrétariat de mon toubib m'appelle. Au vu des analyses faites la veille par la clinique, il me demande de filer aux urgences de l'hôpital. Mon cas s'est aggravé, il n'est plus du ressort de la clinique.

Ah... ?

Ne pas paniquer.

Obéir, rester calme, tout va bien.

Souffler.

Faire une petite valise.

Ne pas paniquer.

Je suis seule, j'appelle une voiture, le chauffeur est un pauvre empoté qui m'énerve. Je suis triste. Impossible de joindre Ted, qui donne un stage. Alors, c'est ça ? Je vais accoucher comme ça ? En urgence, toute seule, à l'hôpital public, pas joyeuse du tout ?

Aux urgences de la maternité, la sage-femme qui me barde d'électrodes et de grandes bandes élastiques pourrit mon docteur au téléphone, je ne sais plus pour quelle raison. Décidément, tout est moche aujourd'hui. On écoute le cœur de mes bébés. Mais finalement, ce monitoring ne donne rien d'alarmant, selon elle.

Donc on me renvoie chez moi. Exsangue. Angoissée. Enervée comme une (grosse) puce.

Je me serais totalement passée de cette journée.

***

Darty me livre mon nouveau sèche-linge. Malgré les dimensions affichées sur le site, celui-ci aussi est trop grand pour le placard que je lui ai destiné. J'ai déjà renvoyé le premier. Mais cette fois, c'est trop tard. Laissez-le-moi, trop grand ou pas, on approche de la date fatidique. Des jumeaux sans sèche-linge, je pressens que c'est une raison valable de suicide. Donnez-moi le mastodonte, glissez-le comme vous pouvez sous le plan de travail et surtout faites-le marcher.

Le livreur de chez Darty a un frère jumeau.

Le plombier qui vient diagnostiquer une légère fuite d'eau dans mon plafond s'appelle monsieur Potiron.

Les signes se resserrent.

***

La chambre des enfants est finie. Des copains à l'âme généreuse sont venus s'attaquer au mode d'emploi de la commode. J'ai opté pour une marque relativement prestigieuse qui garantit la non-toxicité de ses produits pour enfants. Mais la commode est tout de même livrée sous la forme d'un puzzle incompréhensible avec un rébus crypté en guise de mode d'emploi. Deux fois le prix d'Ikea et quatre fois plus compliqué à assembler. Comment font les gens qui n'ont pas de copains capables de manipuler un tournevis ?

Bientôt, les meubles seront directement livrés sous forme d'arbres à découper selon les pointillés.

***

Vendredi matin. Je réussis à me hisser dans un autobus pour aller faire de nouvelles analyses de sang au laboratoire de la place de Clichy. Puis je retourne à la clinique où j'ai, de nouveau, rendez-vous pour un monitoring. Toujours ce double parcours épuisant. Je viens juste d'en faire un, de monitoring, hier, aux urgences de l'hôpital. Et je déteste, mais alors je DÉTESTE, les monitorings. Mais je suis un bon petit soldat, résolue à tout supporter pour la santé de mes futurs enfants. Allez hop. Sous-sol moche, électrodes, bandes élastiques, mal au dos, petit graphique qui s'imprime, relié aux battements de cœur de mes enfants, bonjour mes petits loups !

Soudain, l'infirmière change de tête. S'agite. Sort de la pièce. Revient. Plusieurs fois. Un type que je n'ai jamais vu se rend précipitamment à mon chevet, dans cette salle toute sombre du sous-sol de la clinique. Il me prend le poignet avec compassion. « Chère madame, je suis anesthésiste. Vos bébés sont en détresse. Nous allons devoir les extraire de toute urgence. » Comment ça, les EXTRAIRE ? C'est comme ça, qu'on parle de la naissance de mes enfants ? On les EXTRAIT ? Là, maintenant, sans prévenir ? Je veux appeler Ted ! Mais il n'y a pas de réseau dans cette saleté de sous-sol, mon portable est hors service. On me propose un téléphone sans fil qui met une heure à arriver. Je suis morte d'angoisse. J'appelle enfin Ted qui ne répond pas. Je pourrais mordre quelqu'un. Sangloter comme une gosse.

Mais je tiens le coup. J'attends. Je souffle. Je me concentre. Mes enfants vont naître, il faut que les accueille dignement. Ted arrivera un peu plus tard, voilà tout.

Ne commence pas à pleurer, tu ne pourras plus t'arrêter.

Pense à des choses jolies. Mets de la musique dans ton téléphone, il servira au moins à ça.

Souffle.

Et puis l'infirmière revient, la mine contrite. « Désolée, madame, en fait nous nous sommes trompés sur votre date d'échéance, c'est pourquoi nous avons paniqué. Mais tout va bien. Vous pouvez rentrer chez vous. »

PARDON ? Vous vous êtes TROMPÉS, c'est pourquoi vous avez PANIQUÉ ?! Alors si vous, vous avez paniqué, moi j'ai fait QUOI, à votre avis ?

Une fraction de seconde, je me suis vue. Lui fracasser sa tête d'analphabète sur l'ordinateur du monitoring. Et puis le soulagement m'a envahie et lui a sauvé la vie.

N'empêche. Ça commence à me plaire, ce petit ballet de n'importe quoi. Taxi. Je rentre chez moi. Un peu plus tard dans l'après-midi, j'ai mon docteur au téléphone, je lui expose la situation. Il me demande d'appeler l'hôpital pour leur communiquer mes résultats d'analyses de sang dès que le laboratoire de la place de Clichy me les a délivrés.

Je les reçois par mail, quelques heures plus tard. J'appelle l'hôpital. La sage-femme m'écoute patiemment, note les chiffres et les valeurs, et me demande soudain de sauter dans un taxi pour venir aux urgences de toute urgence… Sans blague. C'est reparti pour un tour ? C'est la journée des dingues, c'est ça ?

Je jette n'importe quoi dans une valise, mais je rappelle Ted et j'attends tout de même qu'il ait fini sa journée pour m'emmener. Eh. J'en ai ma claque de partir en urgence faire des monitorings toute seule pour qu'on me raconte n'importe quoi.

Nous arrivons donc aux urgences de l'hôpital, ensemble, vers 20 heures. Et là, coup de théâtre, la sage-femme bourrue qui avait pourri mon médecin au téléphone vient, par un miracle inexpliqué, de devenir ma meilleure amie. Elle nous accueille avec un grand sourire. « Oh oooh, vous n'avez pas eu mon message ? Ce n'était pas la peine de venir, en fait, ma collègue a mal interprété vos analyses, elle ne connaissait pas votre cas… » « Votre collègue a MAL… ?! »

Bon. Donc en fait, l'ensemble du corps médical, privé, public, s'est donné le mot pour mal interpréter mes résultats et me faire flipper.

Il y a deux options. Un, on pète les plombs. Deux, on rigole.

Deux. Après tout c'est une naissance, pas la guerre. On me refait tout de même un monitoring pour le plaisir. Choueeette. Re-électrodes, re-gel qui fait froid, re-bandes élastiques qui compriment, re-position qui fiche des crampes pendant trente minutes. Mais je me rends compte soudain que Ted, ému, entend le cœur de ses enfants pour la première fois. On ne sera pas venu pour rien. Pour lui, c'est un moment historique. Je me tais et je le laisse savourer. La sage-femme, ma nouvelle meilleure amie, me dit dans un sourire qu'elle aimerait bien que j'accouche chez eux.

Ah oui ? Mais qu'est-ce que ça peut leur faire que j'accouche ici ou là ? L'envie de rajouter une ligne à la liste des cas historiques qu'ils ont réussi à résoudre, sans doute. Seulement la gentille sage-femme ajoute le mot de trop. Elle me redit à quel point il faut à tout prix éviter la césarienne.

Rhah.

Faites que j'accouche à la clinique, avec une césarienne programmée et mon gentil docteur très compétent aux commandes. Et vite. Je n'en peux plus.

***

Aujourd'hui, ma Mimi est de passage depuis l'Italie, nous nous voyons en coup de vent chez moi. Après de longues années de démarches douloureuses et compliquées, elle vient enfin de recevoir du Vietnam une proposition d'adoption pour un deuxième enfant, tant attendu. Mais il s'agit d'un petit garçon déjà âgé de sept ans et, semble-t-il, gravement malade. Nous regardons sa photo. C'est le portrait d'un enfant abandonné, une tête adorable, une gentillesse à vous fendre le cœur au fond des yeux. Un orphelin de plus dans le monde, à qui il ne reste rien, à part l'espoir ténu d'être sauvé par un miracle venu de l'étranger.

Mimi est en larmes. Elle n'aura pas la force de dire oui.

***

Dimanche 7 juillet. Je m'organise pour quitter mon lit le moins possible. Je pourrais dormir non-stop vingt-quatre heures sur vingt-quatre. Je me pèse : une baleine avec des pieds de cochon.

Vacherie de traduction... Les pages se tournent à la vitesse d'un escargot sous Valium, la montagne semble grandir chaque jour au lieu de décroître.

Je ne sais toujours pas où je vais accoucher. J'en ai marre de courir dans tous les sens. Je n'en peux plus. J'ai mal partout.

Bref. La nature est bien faite. Quand approche le moment d'accoucher, l'envie de délivrance devient plus forte que la peur.

***

« Le risque de pré-éclampsie est devenu sérieux. Je vous conseille d'aller accoucher à l'hôpital. Ils sont équipés d'un plateau technique ultra-moderne dit « de niveau 3 », permettant de faire face à toute éventualité concernant votre santé et celle de vos enfants. Chez nous, à la clinique, si vos enfants sont en détresse, nous ne sommes pas suffisamment équipés, nous devrons quoi qu'il en soit les expédier à l'hôpital en urgence. »

Mon médecin vient de me briser le cœur. J'étais tellement sûre de ne pas avoir besoin d'aller me faire maltraiter à l'hôpital public où les césariennes sont passées de mode. D'autant qu'à chaque alerte ils semblent s'acharner à vouloir me renvoyer chez moi, au lieu de me garder tranquillement sous surveillance jusqu'à mon accouchement, qui semble imminent, tout de même.

***

« Vous avez tenu huit mois. Vous ne vous en rendez pas compte, mais c'est déjà extraordinaire ! » Ah bon. Alors, si c'est extraordinaire, réjouissons-nous.

***

Mercredi 10 juillet. Moi qui déteste la course à pied, je pense pourtant que je sais, maintenant, ce que ressent un marathonien qui passe enfin la ligne d'arrivée. Courbatu, épuisé, déshydraté, violet, congestionné, les yeux hagards... Exactement comme moi, en train de livrer par mail, enfin, la totalité du roman traduit. Je les ai arrachées au néant, ces dernières pages. Mais le plaisir du travail accompli est, comme toujours, au rendez-vous. Un poids en moins. Travail effectué, livré, bouclé. Un chèque plus que bienvenu va partir au courrier.

Parlons bébés.

***

Vendredi. Je dois me rendre à l'hôpital pour ma dernière consultation mensuelle. « Il faut qu'ils vous gardent, maintenant, ça suffit », m'a dit mon médecin. « Exagérez, au besoin, faites-vous plaindre, faites-en des caisses. »

Mais je n'ai même pas besoin de faire appel à mes vingt ans de métier dans l'art de la comédie et du trompe-l'œil. Une heure et demie de salle d'attente sur une atroce chaise en plastique moulé, (conçue et testée par des designers anorexiques, donc ultra-inconfortable aussitôt qu'on passe la barre des soixante-deux kilos : malin, pour faire attendre des femmes enceintes), une chaleur étouffante, je suis au bord du malaise, je gémis intérieurement. Madame le médecin, comme d'habitude, ou pire que d'habitude, est ultra en retard. Je regarde fixement le numéro dans ma main, inscrit sur un papier qui commence à se ramollir du fait de la sueur. Le compteur d'appel des patients semble bloqué. Je vais craquer. Je me rends à l'accueil. Elle est absente ou quoi ? Une gentille secrétaire va vérifier. Non, non, elle est là.

Finalement, madame le médecin revient à la vie ou de la cafétéria. Elle appelle enfin un nouveau numéro dans son box de consultation. C'est au tour d'une dame avec un petit garçon. Et là, je deviens horrible. Je passe devant cette pauvre femme. C'est à peine si j'explique, vaguement, que c'est ça ou je m'évanouis au milieu du couloir. Je vais piquer une crise de nerfs. Je suis en épuisement total. La dame et son petit garçon, dépités mais gentils, se rassoient et me laissent passer.

Je ne suis pas complètement fière de cet épisode. Mais je ne jouais pas la comédie. J'étais, réellement, au bout du rouleau.

« Bon, je crois qu'on va vous garder, allez vous présenter aux urgences. » Ah ben quand même ! Je vais enfin être hospitalisée, arrêter de courir dans tous les sens, vivre au calme les derniers jours de ma grossesse. Les mots de mon médecin continuent de me résonner aux oreilles. « Faites-en des caisses. »

Arrivée aux urgences, je prends donc mon plus bel air d'outre-tombe et je ne retiens pas les soupirs d'agonie que m'inspirent la salle d'attente des urgences (ce qui est un magnifique oxymore, au passage).

Finalement, une auxiliaire vient me récupérer. Et allez donc, c'est reparti pour un monitoring. Une sage-femme moyennement sympa suivie par une externe taciturne vient se charger de me ficeler. Vous avez déjà vu une tortue de mer retournée sur sa carapace, battant ridiculement des pattes sur le sable mouillé ? Voilà. On m'examine, on me fait attendre, on m'examine encore, on ne me dit pas grand-chose, le temps s'étire et chaque pouce carré de mon corps m'insupporte.

Mon téléphone réceptionne soudain une série de messages de divers amis, dont certains plutôt lointains et à qui je ne parle que très rarement. Tout le monde vient prendre des nouvelles de ma grossesse. Aujourd'hui. À force de malaise, j'ai dû émettre des ondes plus puissantes que d'habitude.

Mais on n'est pas obligé de croire aux ondes en matière de rapports humains.

Une interne aimable et enjouée (il y en avait donc une dans cet hôpital !) finit par m'examiner. C'est le sosie de l'actrice Léa Drucker, la ressemblance m'occupe suffisamment l'esprit pour me détendre un peu. Le Doppler est OK, mais la tension à 16 est inquiétante, assortie d'une vague histoire d'Alat et d'Asat qui se mettent à pulluler dans le sang (crise de foie, crise de foi, classique avant le grand saut, finalement.)

Une chambre, donc, m'est enfin attribuée à l'étage des urgences. Je m'y écroule, submergée par une vague de reconnaissance éternelle pour les draps frais, d'un jaune parfaitement moche, tendus sur le lit réglable dans toutes les positions par télécommande. Le rêve. Dans un placard, je jette mon sac de voyage fait à la va-vite, bourré de tas de trucs pour bébé, dont pour la moitié je ne connais ni le mode d'emploi ni l'utilité. Je me suis contentée de suivre scrupuleusement la liste fournie par la clinique, en multipliant tout par deux. Un monde entièrement nouveau d'objets, de vêtements et de crèmes, à apprivoiser.

Pour activer la télévision dans une chambre de cet hôpital, il faut traverser à pied toute la cité hospitalière pour aller payer au bureau chargé de la gestion des télévisions. Tout le monde sait que les chambres d'hôpital sont peuplées de personnes totalement valides qui n'ont que ça à faire, trois kilomètres à pied pour avoir la télé, seule distraction possible dans leur état.

Condamnée, par conséquent, à visionner la seule chaîne gratuite à disposition, un canal pour enfants bourré de pubs pour les jouets et d'affreux sitcoms criards et vaguement canadiens, je sombre comme une masse et réussis enfin à dormir quelques heures.

Ma tension redescend doucement, on me dit que mes marqueurs sont stables ou à la baisse, le moral revient. Enfin, jusqu'au premier plateau repas. La jolie cloche en inox recèle une, un, je ne sais pas comment s'appelle ce genre de pâtée infâme. Du Canigou ? Non. Même un chien ne toucherait pas ce genre de bouillie sombre et puante. Je suis tellement choquée que j'en envoie une photo à Ted. Le soir, il débarque avec un grand sac en papier portant le logo d'un bon traiteur parisien.

Dehors, il fait plus de trente degrés.

***

Les deux jours qui suivent sont calmes. Dans ma chambre de la maternité, je lis, je récupère, je reprends confiance. Ted a également effectué le pèlerinage de mise en marche de la télé, ce qui fait que je peux désormais zapper et tromper mon angoisse. La maman de Ted prend gentiment de mes nouvelles, ça me touche. Papa, à Angers, est sur le qui-vive. Je constitue sous ma table de nuit de petites réserves d'écureuil : gâteaux secs, yaourts et autres noisettes, histoire de survivre aux repas de l'hôpital public qui persistent à évoquer la quatrième guerre mondiale.

20 % des femmes de plus de 45 ans font de la pré-éclampsie à la fin de leur grossesse.

Le 14 Juillet et sa retransmission de défilé militaire dans les rues de la capitale. Je crois bien que je n'ai plus regardé ça depuis ma tendre enfance. Au bout d'une heure d'émission, je me souviens très clairement pourquoi. C'est ultrachiant.

***

Mes bébés sont très malins. Ils ont compris que les électrodes du monitoring ont besoin d'être posées le plus près possible de leur cœur. Aussi, dès que les infirmières approchent leurs électrodes de mon ventre, mes petits bibouches malicieux se mettent à jouer à saute-moutons pour rendre les pauvres femmes chèvres... Il faut croire qu'ils vont aimer les histoires d'animaux.

Ou encore, qu'ils s'ennuient, eux aussi, devant le défilé du 14 Juillet.

Je me gratte toute la nuit, malgré l'aloe vera et la chemise de nuit toute douce. Personne ne m'avait jamais parlé de cet (autre !) aspect pas complètement romantique de la grossesse.

***

C'est dingue. Dans trois jours, nous allons rentrer dans mon neuvième mois de grossesse. J'ai un peu peur, je le dis à Ted. « Et moi, tu crois que je n'ai pas peur ? »

Bon. Il ne reste plus qu'à faire confiance à nos enfants. Et ça, comme toujours depuis le début, c'est plutôt facile.

***

Une foule d'étudiants débarque soudain dans ma chambre d'hôpital sans même prendre la peine de me saluer. Ils sont suivis par une femme en blouse blanche qui ne se présente pas non plus et marmonne un vague bonjour inaudible. Elle est concentrée sur ses papiers, et puis les noms du personnel sont écrits sur leurs badges, ce n'est pas pour les chiens. La toubib est donc une toubab, probablement en passe de devenir un mandarin, ces fameux grands patrons de la médecine française. Une sous-mandarine, pour l'instant. Qui ne se prend pas pour de la roupie de sansonnet et fait son grand numéro d'autorité médicale devant les étudiants béats d'admiration. L'aréopage est bouche bée. Moi, je serais plutôt côté boucher. Je me sens comme un morceau de viande sur l'étal. Avarié ? On va le savoir tout de suite.

Finalement, la sous-mandarine relève le nez et rend son verdict. Rentrez chez vous, madame.

Quoi ? Mais je ne tiens plus debout, et on me dit que je risque à tout moment de déclencher une crise de pré-éclampsie, très dangereuse pour mes enfants. La sous-mandarine me regarde froidement. Rentrez chez vous, madame. C'est tout juste si elle ne me traite pas de paresseuse.

Paresseuse ? Porte des jumeaux à quarante-huit ans et reviens me parler, pauvre tarte.

Sortie de la reine des abeilles et de son essaim morne et silencieux.

Bon.

Eh ben. Rebelote, valise, allô chéri, viens me chercher, je rentre.

Après tout, si ça va, hein, c'est que ça va.

***

Ted vient me chercher le lendemain à 16 heures après les dernières analyses. Ça fait longtemps qu'on n'a pas eu un grand moment ensemble et c'est bon de se retrouver. On se prend la tension mutuellement, on rigole comme des bossus. Une belle lumière brille dans ses yeux.

***

Les jours suivants, je végète à la maison. Mon inefficacité atteint des sommets et les nuits sont dures. La bonne nouvelle, c'est que les petits bougent de façon réjouissante. Parfois, j'ai l'impression que Jules va sortir la main de mon ventre.

Les copines se relaient pour venir me soutenir le moral et m'aider à ramasser mes chaussures, ma fourchette ou mes clés par terre. Ingrid, Diane. Ma tension a l'air de se stabiliser. Rassuré, Ted prévoit un poker pour dimanche avec ses copains. Je menace en rigolant d'avoir plein de contractions en son absence.

DEUX

La mémoire, en cas de naissance d'un enfant, devient extrêmement poreuse. Pas peureuse pour un sou. Elle annule les épreuves à une vitesse sidérante, seules subsistent les images époustouflantes de beauté qui vous giflent jour après jour, lorsque vous avez donné la vie et que vous êtes, désormais, chargée de la protéger.

Un conseil, tout de même. N'accouchez pas en été. Attendez que les vrais médecins soient rentrés de la Côte d'Azur, aient mis leurs enfants à l'école, payé leurs impôts et se soient de nouveau concentrés sur le boulot : octobre, à mon avis, c'est pas mal.

Moi, j'ai accouché un 21 juillet dans un hôpital public.

***

Parce qu'au bout du compte, donc, il a bien fallu accoucher. Les faire sortir, ces bébés. Vivants, de préférence. Devenir maman. Doublement. Rémus et Romulus, la louve, tout ça.

Reprenons. Le vendredi 19 juillet, je me rends de nouveau à l'hôpital pour un monitoring de contrôle. Cette fois je suis une véritable baleine, en larmes, épuisée, ravagée, énorme, épuisée à ne plus mettre un pied devant l'autre. Sans surprise, rebelote, tension supérieure à 15, on vous garde ! Bilan sanguin, une chambre aux urgences. Immédiatement, ma tension baisse, bien sûr. Ça yoyotte, là-dedans, on me dit que personne ne comprend pourquoi. Ah bon ? C'est quoi votre métier, déjà, rappelez-moi ? C'est ma quatrième hospitalisation en quinze jours. Est-ce qu'on va enfin me faire accoucher, cette fois ? Jusqu'à quel degré de décomposition personnelle laisse-t-on aller une femme enceinte ? C'est comme la viande rouge ? Plus ça faisande, plus le rôti sera bon ?

Nous sommes à 36 semaines et deux jours. Idéalement, il faudrait attendre encore quinze jours. C'est la norme pour les jumeaux, on les fait naître aux environs de huit mois et demi de grossesse. Mais les miens pèsent déjà presque 3 kilos chacun, et moi, ce n'est pas pour gnognoter, mais je vous jure, cette fois, je suis au bout du rouleau.

L'hôpital m'envoie faire une échographie du foie dans un bâtiment voisin. Il faut traverser une rue pour y accéder, c'est un danger considérable apparemment, suffisamment pour qu'on m'attribue une aide-soignante pour m'accompagner. Tout le long du trajet, la jeune femme aux jolies tresses garde le téléphone greffé sur l'oreille, parlant à toute berzingue dans un sénégalais mâtiné de français, ne s'interrompant même pas pour me dire bonjour.

Heu... C'est mon sein, ça. Pas mon foie. Il est alcoolique ce toubib ou il a trouvé son diplôme à l'arrière d'un camion chinois ? L'échographe a un sourire patient. Ah non, madame. Vous avez le foie sous le sein droit, vous voyez... ?

Le foie sous le sein. Eh ben dis donc. Les bébés, faut pas les embêter. Tiens, un foie qui me gêne. Bon, je le pousse. Jusqu'en haut. Place nette ! Affaire dans le sac.

Plus pour longtemps, le sac, en tout cas je l'espère.

R.A.S. du côté du foie, me voilà rassurée. Mais je n'ai pas le droit de repartir seule. Rapport à la rue à traverser. Je dois attendre l'aide-soignante, qui met une heure, montre en main, à revenir. Une heure, les fesses sur une de ces fameuses chaises en plastique pour anorexiques dont seuls les hôpitaux ont le secret. La jeune femme aux tresses a toujours le téléphone greffé sur l'oreille. Je me demande si elle a changé d'interlocuteur entre-temps. Arrivées à la fameuse rue qu'il serait très dangereux que je tente de traverser toute seule, ni une ni deux, elle fonce droit devant elle, toujours pendue au téléphone. Le feu était au rouge pour les piétons. C'est moi qui la rattrape pour lui éviter de justesse de se faire écraser.

Devant la porte de ma chambre, elle m'adresse enfin un grand sourire. « C'est peut-être moi qui vais m'occuper de vos bébés, madame ! » Pitié, non...

En fait, pour être honnête et lui rendre justice, je dois dire que par la suite, cette jeune femme fera souvent le détour par ma chambre durant mon séjour à la maternité, uniquement pour venir me saluer et prendre de mes nouvelles.

Je guide Ted au téléphone pour refaire la valise. Et un petit sac pour la nuit, qu'il m'apporte. Accouchement, pas accouchement ? Verdict demain. On finit par se dire que ça n'arrivera jamais. Les bébés vont rester là, le temps va se suspendre, je suis enceinte pour le restant de mes jours. Bref. On est tous les deux déboussolé, mais c'est bon de partager ça avec lui. Plus ça se rapproche, moins ça semble concret...

Nuit de grattage, énorme crampe, pieds de gastéropode qui a trop pris la pluie, mains de géant vert dont les doigts ne se serrent plus. La seule chose agréable est de sentir mes petits chéris bouger dans mon ventre, comme pour me dire bonjour à intervalles réguliers. OK les gars. Je vous le dis comme je le pense. Si vous êtes prêts, moi aussi. Rapidos serait le mieux.

Dans la presse, on ne parle que du bébé de Kate d'Angleterre qui tarde à arriver. Fille ou garçon, ce sera le prochain monarque. L'Angleterre est sur le qui-vive. Rentré chez lui, Ted m'adresse un petit texto du soir : « À demain, ma chérie, pour notre nouvelle vie. » Kate peut aller se rhabiller. Elle, sa couronne, son bébé royal et tous ses privilèges.

La reine du monde, c'est moi.

***

Ce matin samedi, la sage-femme « staffe » mon dossier. À savoir, elle le soumet au comité médical qui se réunit chaque jour pour décider du sort des patients. On reprend toutes les mesures, on me tâte, on m'évalue, on semble réfléchir. Je suis privée de petit déjeuner et moi et les jumeaux, on a la dalle.

Je ne sais plus combien d'examens ni de personnes avec des fonctions différentes inscrites sur leurs badges j'ai vu défiler dans ma chambre. Je ne sais plus non plus laquelle de toutes ces dames anonymes et très occupées m'a soudain annoncé sans ménagement: «On va vous déclencher». Je me souviens juste qu'on était samedi, et que Ted a pu arriver dans l'heure qui a suivi. Je me souviens de l'angoisse mêlée de soulagement qui m'a envahie. Je me souviens d'une légère déception, aussi. J'aurais aimé accoucher par mes propres moyens.

Perfectionniste, un peu.

Et alors là, ça a commencé. La guerre des Trente Heures. Trente heures de souffrances, de travail inutile, de drogues diverses injectées sans habileté par de vagues étudiants sages-femmes et internes anesthésistes. La grande débandade. On me refuse la césarienne. Ici, madame, on accouche par voie basse. Oui, mais madame toi-même, j'ai quarante ans bientôt cinquante, deux polichinelles dans le buffet dont un placé très haut... Je suis un cas évident de césarienne inévitable, pas besoin d'avoir fait quinze ans de fac pour savoir ça. Non?

Non.

Souffre. Pousse. Contracte. Tais-toi. Des heures durant. Sans résultat. Morphine. Rien du tout. Péridurale. J'ai des démangeaisons à hurler. Ted me passe des gants humides pour me calmer. Des heures pourries dans une salle affreuse et mal éclairée. Quelques infirmières gentilles. D'autres, de vraies putes méchantes. «Ah, vous l'avez voulu, eh ben maintenant vous l'avez.» Je suis à 10 sur 10 de douleur et d'une humeur de dogue prussien. Quand l'étudiant sage-femme, incapable de poser un cathéter, m'annonce qu'il va finalement me le coller dans le creux du bras, je l'envoie valdinguer. Je dois accoucher. Un cathéter dans le creux du bras, ça fait super mal. Et ça empêche de plier le bras. Et pour accoucher, que je sache, il est préférable de pouvoir les plier, les bras. Pauvre crétin.

Le jeune homme frêle a le cran de me rétorquer de la fermer, sous une forme à peine édulcorée. Erreur. Je n'ai plus une once de politesse disponible. Sous le feu nourri, c'est lui qui la ferme. Ravalant son orgueil de petit coq, il réussit enfin à planter sa saleté d'aiguille dans le dos de ma main.

En trente heures, je n'ai pas vu un seul badge de médecin. Des internes, des étudiants, des infirmières, ça, on en a eu un véritable défilé, jamais les mêmes à quelques heures d'intervalle. Dont une très sympa, d'ailleurs, d'origine thaïlandaise, qui restera une amie. Mais quand même. On se sent étrangement seul. Ils sont où, les grands pontes rassurants qu'on nous a vendus pour faire la réputation de cet hôpital ?

En vacances. En week-end. En enfer ou au bordel. Mais pas avec moi.

Ted et moi nous souvenons de cette réunion édifiante, organisée par un des grands patrons du service maternité de cet établissement public à la pointe de la technologie médicale française, nous expliquant longuement qu'en cas de jumeaux, c'étaient non pas une, mais deux équipes complètes d'obstétriciens qualifiés qui s'occupaient de vous accoucher.

Oui. Mais là, on est fin juillet. Les grands pontes, ils bronzent. Ceux qui restent, ce sont les mauvais. Les punis. Les tâcherons.

Léger flash-back.

— Mademoiselle, je voudrais un fauteuil un peu plus confortable pour mon mari, il a passé la nuit à mon chevet sur une chaise !

— Ah, on n'a pas de fauteuil pour les visiteurs, madame.

— Comment ça, pas de fauteuil ?

— Ah ben non, madame, il faut écrire à la direction.

— Écrire à la... ? Mais je vais ACCOUCHER, mademoiselle !

— Oui, je sais, mais moi je dis toujours aux patients, si vous voulez des fauteuils, il faut écrire à la direction. Si vous n'écrivez pas à la direction, nous, on n'aura jamais de fauteuil. Voilà.

Ted me suit pas à pas durant ces trente heures de calvaire. Pas à pas. Sans même un fauteuil décent. Traité comme quantité négligeable. Sortez monsieur, rentrez monsieur, laissez-nous, revenez, poussez-vous. Le père, à la maternité publique, on s'en fout.

Il est magnifique. Parfait. Je n'y arriverais pas sans lui. Je l'aime à mourir. Mais justement, ce serait plutôt pas mal que personne ne meure dans cette histoire. Concentre-toi, obéis, positive mentalement, mets-y du tien, ma vieille.

L'interne anesthésiste me pique dix (dix !) fois dans la colonne vertébrale avant de réussir à m'injecter la péridurale. C'est une petite personne jeune et maussade, qui maugrée des choses incompréhensibles entre ses dents. Dans mon dos.

Je suis assise en porte à faux sur la table d'accouchement avec mon gros ventre qui me gêne et mes jambes qui me piquent. Devant moi, une sage-femme sympa me tient solidement par les épaules pour m'aider à endurer tout ça. La petite chose maugrée dans mon dos. « Mmmhgrhhhlkhh. » Moi : « Qu'est-ce qu'elle dit ? » La sage-femme : « Elle dit qu'elle va vous piquer. » Aïe. Elle m'a fait un mal de chien, je sursaute violemment. « Mmmhhgdgddhhhh. » « Qu'est-ce qu'elle dit ? » « Elle dit que vous avez bougé, elle va recommencer. » « Mais elle m'a fait un mal de chien. » « Justement, il faut qu'elle recommence... »

Dix fois. Avant de réussir à m'introduire la péridurale correctement.

Finalement, on a tenté. Le col était à neuf sur dix. C'était peut-être possible. J'ai poussé. On y a cru. On y était presque. La tête de Paul se présentait. Mais il était trop haut. On a essayé encore. Rapidement à bout de forces, j'ai commencé à ne plus y croire. Même si Paul sortait, comment j'allais faire pour Jules ? Et puis je n'avais plus confiance en personne, dans cet hôpital. Finalement, le mot a retenti. « Césarienne d'urgence. »

Si j'avais eu la force, j'aurais poussé un cri.

Mais j'ai juste fait « Mmmrrahhghh ».

Bande d'abrutis. Je vous l'avais dit. Je le savais, mon médecin le savait, c'était couru d'avance qu'il faudrait une césarienne. C'était bien la peine de me faire souffrir comme ça.

Nouvelle équipe, réapparition de la fausse Léa Drucker, l'interne sympa rencontrée aux urgences. Le soleil revient. Je me sens mieux. J'ai confiance en elle. Je me sens remonter la pente. « Vous allez avoir la meilleure des meilleures pour votre césarienne. » Bon. Allez, le plus dur est derrière, ça va bien se passer.

Entrée de la meilleure des meilleures. « Bonjour, c'est moi qui vais m'occuper de vous. »

NOOOOOON !

Je regarde Ted avec de grands yeux. Il essaie de comprendre et me renvoie le même regard. « Quoi ? » Je tente d'articuler silencieusement, discrètement. Ted lève un sourcil. Il a compris.

C'est la sous-mandarine.

Non, mais c'est quoi, cette poisse ? On est maudit, ce n'est pas possible ! La « meilleure des meilleures », au mois de juillet, c'est la sous-mandarine qui ne se prend pas pour les orteils de Jupiter et qui la semaine dernière encore me renvoyait chez moi en me traitant à moitié de paresseuse... ?!

Mais je n'ai pas le temps ni la force de voir sa tête plus que quelques secondes. Il y a urgence. Les enfants sont en détresse. On me roule-pousse-grouille jusqu'au bloc. L'anesthésiste a une tête d'alpiniste finlandais avec un foulard multicolore, mais à ce stade, je ne sais plus si c'est bon ou mauvais signe. Tout à coup tout s'accélère. Sauf moi. Je sombre. Je n'en peux plus. Une dernière série de drogues, je ne comprends plus rien à ce qui se passe. Je ne sens rien. Je ne vois rien. Je sais que Ted a été autorisé à me suivre au bloc. Il paraît que c'est exceptionnel. J'ai entendu sa voix, vaguement, au lointain.

Je fais de la tétanie, mes dents claquent de façon insupportable et je pourrais tuer pour un verre d'eau. La dernière chose que j'entends est cette question surréaliste posée par la fausse Léa Drucker : « Alors, vous avez joué dans quels films ? »

Mes derniers neurones implosent dans un petit bruit de cloches. Quoi, quels FILMS ? Mais je n'en sais plus rien, je m'en fous, je vais avoir deux enfants, de quoi elle me parle cette folle ? Au beau milieu du bloc opératoire ? Alors que mes bébés poireautent à l'intérieur de moi, en détresse après toutes ces heures de travail inutile ? Bon, réponds, on ne sait jamais. Je retrouve péniblement un pauvre titre de film – mon CV est bourré de rôles secondaires que j'oublie à la seconde où j'ai terminé mon contrat – et je demande un linge humide sur mes lèvres.

On s'affaire, je crois. J'entends comme dans un brouillard lointain « Voilà Paul », puis « Jules »... Et c'est le trou noir. Je n'ai pas vu mes petits arriver au monde.

Trop épuisée, trop shootée, trop flippée.

J'avais rêvé de cet accouchement. Du corps de mes enfants posé sur moi. De la joie. Des jolies larmes. Un truc romantique, quoi. Mais tous les accoucheurs vous le diront. Un accouchement, ce n'est pas romantique. C'est bestial. C'est du boulot. Ça dégomme. Chaque nouvelle vie doit être arrachée au néant.

Paul et Jules, mes deux merveilleux chéris, vous êtes arrivés au monde sans douceur, dans les cris, la précipitation et les lumières brutales. Comme la plupart des humains de ce monde. Quand ce n'est pas pire. Mais vous êtes en bonne santé. Et pour cela au moins, je dois dire que l'hôpital public a été exemplaire. Nos bébés ont été pris en charge de façon ultra-efficace et avec beaucoup d'humanité. La maternité de « niveau 3 » justifie sa réputation. Les parents, on les traite comme des numéros. Mais les enfants sont respectés. Sauvés. Rabibochés, raccommodés, chouchoutés et remis aux parents en bonne santé. Prêts à vivre, à se lancer dans le grand monde, à devenir bien réels.

Ce qui, au fond, est peut-être tout ce qu'on demande à une maternité.

Pour la douceur, c'est promis, on va compenser tout de suite, mes chéris. Et pour longtemps.

***

Pour l'instant, je n'ai pas encore pris conscience du côté positif des choses. J'en bave. Je suis en salle de réveil, je tétanise toujours, je claque des dents de façon incontrôlable, j'ai froid, je suis mal installée sur ce brancard d'hôpital et j'ai envie de me rouler en boule dans un endroit douillet en sifflant trois litres de grenadine à l'eau.

Heureusement, mon Ted apparaît à mes côtés. Exsangue de fatigue, assis sur une chaise, une charlotte absurde sur la tête. Faut-il que je sois crevée pour ne pas en rigoler avec lui. Il me raconte. Les enfants vont bien mais ils sont pour l'instant dans le service de réanimation néo-natale. À la naissance, Ted est parti en courant avec l'équipe qui emmenait Paul. Paul a un petit problème aux poumons – un pneumomediastin pour être exacte – et a été placé dans l'unité de réanimation néo-natale. Jules est arrivé deux minutes plus tard, mais le pauvre chou ne respirait pas. Ted a dû attendre les cinq minutes les plus longues de sa vie à l'extérieur de la salle, le temps que les médecins raniment notre fils. Je crois bien qu'il a prié, lui qui ne croit plus à rien. Finalement, Jules a respiré. Et crié. Très fort. Furieux, apparemment. Mais en parfait état. Il est également en réanimation mais devrait en sortir plus vite que Paul.

Moi, par contre, je ne suis pas en bon état, honnêtement. On me remonte dans ma chambre en début de soirée, je n'ai toujours pas vu mes enfants. Je ne peux pas bouger un orteil. J'ai les neurones collés. La moitié inférieure du corps quasi paralysée. Le cœur fendu, tout comme mon ventre recousu, de savoir mes enfants dans de vilaines salles d'hôpital sans leur maman pour les accueillir dans un monde sans poésie, froid et médical. Ted passe la soirée à leur chevet et revient me donner de leurs nouvelles vers minuit. Jules est tiré d'affaire, il a été remonté dans l'unité « mère-enfant », qui prend soin des prématurés. Paul doit rester en réanimation quelques jours mais sa vie n'est plus en danger.

Ted, mon amour, dont personne ne s'est occupé depuis deux jours à la maternité, à part pour le déplacer géographiquement d'un couloir à l'autre, rentre enfin se coucher, exténué, transfiguré, changé à jamais...

Papa.

***

22 juillet, 08 h 32, SMS. « Chéri, j'ai réussi à me lever pour voir les petits. Mais quels AMOURS de bébés on a ! Tu peux me rapporter mes tongs blanches, stp ? Je t'aime très fort. On a les plus beaux garçons du monde et les plus gentils. »

J'ai soudoyé une gentille infirmière de nuit à 5 heures du matin. Il fallait que je voie mes enfants. Que je les embrasse, que je les prenne dans mes bras, que je leur dise que je suis leur maman, qu'ils ne sont pas tout seuls dans ce grand hôpital froid ! Je suis coupée en deux par la douleur de la césarienne mais je réussis à traîner ma perfusion à roulettes jusqu'au bout du couloir, où mon Jules dort dans l'unité mère-enfant. C'est une merveille de petit bébé. Si petit, si parfait, si doux... Mon fils. Il est encore encombré de tuyaux divers mais les puéricultrices, très gentilles, m'aident à le prendre dans mes bras. Mon chéri. Mon tout petit. Quel miracle. Ce premier câlin est d'une infinie douceur. Je ne me rends pas du tout compte que ce petit être, au regard intense, à la présence déjà si forte, était hier encore dans mon ventre. C'est une véritable rencontre. Très intimidante, en vérité. Bouleversante.

Trois étages plus bas, dans l'unité de réanimation néo-natale, je découvre mon petit Paul couché sur le dos, immobile, patient, tout seul dans un berceau en plastique transparent, au beau milieu d'une pièce très technique. Mon cœur se brise et les morceaux partent rebondir contre les murs froids et blancs. Il est si calme, si seul. Heureusement, les puéricultrices l'ont enveloppé dans un joli lange rose fuchsia. Ça lui donne meilleure mine.

La gentille infirmière de nuit qui m'a fait rouler dans un fauteuil s'éclipse, elle a fini son service. Je regarde mon tout petit, rattaché à une série de tuyaux... Il semble serein... Reposé. Impressionnant de réserve et de résignation. Il y a dans ses yeux noirs toute la sagesse du monde. On me le place sur la poitrine. Il est abandonné, recroquevillé, tout contre moi. Bwhaarrffff. Deuxième décharge électrique. Après Jules, un deuxième amour incommensurable, un champignon de radiations envahit de nouveau chaque pore de mon être. C'est si fort que j'ai peine à y croire. Nous sommes restés une bonne heure ainsi, Paul et moi, tous les deux. Immobiles, communiquant par la chaleur de nos corps, sans bruit, dans une douceur infinie. J'ai mal pour lui, il y a trop de fils et de tuyaux, il est si petit !

Petit, mais pas chétif.

Nés à huit mois, pesant deux kilos sept et deux kilos huit, Paul et Jules sont deux magnifiques bébés dont les légers problèmes de santé seront vite derrière nous. Rapidement, ils vont devenir les chouchous du service. Ils sont mignons à tomber par terre. Et je ne dis pas ça parce que ce sont mes fils. Non. Ils sont VRAIMENT très beaux.

Beaux à vous faire tout oublier.

Devenir maman pour la première fois est une aventure indescriptible. Bien sûr, on a lu, vu, revu, entendu, étudié le sujet. Et alors. Les mots ne sont que des mots et ne vous serviront à rien. Là, il s'agit de la vie, et elle vous pète à la figure comme une bombe H.

Chaque jour efface le précédent. Le présent devient omniprésent. Une vie de bébé, ça remplit soudain la vôtre, totalement, entièrement, hermétiquement, exclusivement, despotiquement.

Alors deux.

***

En fait, avec des jumeaux, ce n'est pas vraiment par deux qu'il faut tout multiplier. Mais par trois ou quatre, voire plus. Bien sûr, à ce moment précis de mon récit, j'ignore encore tout de cette loi fondamentalement antimathématique.

***

Elle va m'apparaître très clairement quelques jours plus tard. Parce que bien sûr, et comme tout le monde, alors même que je me croyais tirée d'affaire, je l'ai fait, mon baby-blues. En concentré, sur deux jours, mais en profondeur. Un craquage comme je ne pensais pas en être capable.

Une fontaine. Un barrage indien. Les chutes du Zambèze au beau milieu de la maternité.

Je pleure sans discontinuer. Je vais pleurer sans m'arrêter, jusqu'à la fin de ma vie. Toutes mes forces m'ont quittée. Je n'y arriverai jamais. Je ne peux pas assumer ces deux enfants. C'est beaucoup trop difficile. Je vais les rendre. Reprenez-les, s'il vous plaît. Je vais me vider de larmes comme ça toute ma vie et puis mourir noyée, inutile, mauvaise mère, lamentable. C'est impressionnant. Elle était où, toute cette eau, c'est quoi, ce désespoir sans fond, ce cœur brisé, ce futur soudain entièrement fracassé ? Quelqu'un peut-il me ramener dans le passé, juste quelques jours, avant l'arrivée de ces deux enfants que je ne réussirai jamais à élever ?

Assise dos à la porte de ma chambre, je sanglote, impuissante. C'est normal, madame. Avec des jumeaux, ce qui n'aurait pas été normal, ç'aurait été de ne pas craquer.

Une agréable psychologue vient papoter avec moi. Ne vous inquiétez pas.

Les aides-soignantes sourient. Oh, vous savez, on a l'habitude. Faut pas vous inquiéter, madame.

C'est normal, chérie. Ça va passer, ne t'inquiète pas.

Tu verras, ma copine, ça ne dure pas très longtemps. Ne t'inquiète pas.

Ne pas m'inquiéter ?! Mais bien sûr que si, je m'inquiète ! Vous êtes tous devenus dingues, ou quoi ? Évidemment que je m'inquiète ! Je viens de tomber tout au fond du trou et mes enfants ont besoin de moi pour vivre. Alors, qu'est-ce qu'on fait, qui va les élever, les nourrir, les habiller ? Vous, peut-être ?

Et surtout, comment on se relève ?

On ne se relève pas. Ce sont vos bébés qui s'en chargent. Ils posent les yeux sur vous, ils ont faim, ils croient en vous, ils n'ont que vous au monde, ils vous donnent une force venue de la nuit des temps.

Et sans trop y croire soi-même, on se relève. On fait face. De minute en minute, d'abord, puis on encaisse les heures, les journées, les nuits, et c'est reparti. On meurt d'amour. De fatigue. D'amour. De fatigue. On devient mère. On oublie tout. On apprend.

La joie, pure, simple, celle que j'attendais le jour J, viendra. Mais plus tard. Dans des circonstances et en un temps plutôt incongrus.

***

Dimanche 28 juillet

Jules
– Sein droit de 6 h 40 à 7 h 20 plus biberon 40 ml. Change caca pipi. Vitamine à prendre.
– 11 h 20 : Change caca. Vitamine OK. Sein gauche 25 mn.
– 14 h 30 : Change couche vide. Sein droit jusqu'à 15 h et biberon 40 ml.
– 19 h 15 : Change caca. Sein gauche jusqu'à 20 h 05.
– 23 h 30 : Change : rien. Biberon 50 ml. Régurgitation.
– 03h30 : Change pipi. Biberon 50 ml.

Paul
– 9 h – 9 h 15 : Tétée sein droit. Déjà changé. Vitamine OK.
– 12 h 45 : Change pipi. Sein 2 mn. Biberon 40 ml.
– 15 h 45 : Change pipi. Sein gauche 35 mn.
– 18 h 45 : Change pipi. Sein droit 20 mn. Biberon 40 ml.
– 21 h 50 : Biberon 35ml. Change caca.
– 01 h 30 : Change pipi. Biberon de lait tiré 40 ml.
– 03 h 45 : Change pipi. Biberon 35 ml.

Lundi 29 juillet

Jules
– 6h45 : Change pipi. Sein gauche.
– 10h : Change caca. Petite tétée sein droit endormi très vite.
– 11h15 et 12h00 : Sein.
– 13h30 : Change pipi et mini crottes. Sein droit 30 mn.
– 19h30 : Change pipi et caca. Sein.
– 22h30 : Change pipi bain 60 ml. Pas de reflux.
– 01h30 : Change pipi caca. Biberon 50 ml.
– 04h30 : Change pipi caca. Biberon 60 ml.

Paul
– 7h : Caca. Sein droit.
– 11h30 : Sein droit.
– 14h30 : Sein gauche. Pipi.
– 16h30 : Sein.
– 19h40 : Pipi.
– 20h : Sein.
– 23h : Change rien. Biberon 30 ml.
– 01h00 : Caca. Biberon 25 ml.
– 02h30 : Pipi caca. Biberon 50 ml.
– 05h30 : Pipi caca. Biberon 45 ml.

Mardi 30 juillet

Jules
– 07h30 : Pipi. Sein gauche 30 mn.
– 10h30 : Sein en plusieurs fois.
– 13h00 : Biberon 60 ml. Caca pipi.

– 18 h : Caca pipi. Sein. Biberon 40 ml.
– 21 h : Couche vide. Sein et biberon 50 ml.
– 22 h 30 : Caca. Biberon 20 ml. Agité.
– 00 h 00 : Caca. Biberon 60 ml.
– 04 h 30 : Caca. Biberon 50 ml.

Paul
– 8 h 45 : Pipi. Sein droit 30 mn.
– 11 h : un peu de sein.
– 13 h 00 : Biberon 35 ml. Pipi.
– 18 h : Caca pipi. Sein.
– 22 h : Caca. Biberon 40 ml.
– 0 h 00 : Caca. Biberon 20 ml de lait maternel tiré.
– 0 h 30 : Caca. Biberon 40 ml.
– 02 h 45 : Pipi et biberon 40 ml.
– 04 h 30 : Change caca.

***

31 juillet. Champagne et macarons, Ted passe la soirée dans ma chambre pour fêter mon anniversaire. Moi je ne pense qu'à une chose, sortir de cet hôpital, quitter cette maternité, rentrer chez nous. Mais qu'est-ce qu'on attend ? D'accord, j'ai toujours 16 de tension, mais puisque personne ne veut me soigner (« reposez-vous »), puisque personne ne veut trouver de solution pour mes jambes qui ont triplé de volume (« buvez de l'eau »), puisque les enfants vont bien, puisque je sais désormais m'en occuper jour et nuit, et des deux à la fois, qu'est-ce qu'on attend ?! Laissez-moi sortir ! Mes enfants ont treize jours ! Lâchez-moi.

***

Les bébés gardent souvent les yeux au ciel, obstinément. « Chéri, il n'y a rien au plafond ! » Les adultes sont idiots. Les bébés savent bien pourquoi ils regardent en l'air. Ils voient les anges. Les elfes, les fées, quelques fantômes de passage aussi, sans doute. Tout le petit peuple des invisibles éthérés. Les bébés entendent leurs voix secrètes, perçoivent les souffles invisibles, et c'est alors que l'adulte, ébahi, voit soudain son enfant arborer un sourire de vieux sage millénaire. Parce que les bébés savent tout et connaissent la magie. Mais il leur est interdit de divulguer leur secret. C'est pour cela qu'ils arrivent au monde incapables de parler. Les anges prennent le temps de les installer bien au chaud avant de retourner s'occuper d'autres petites personnes. Ils effacent de la mémoire des bébés tous ces merveilleux souvenirs, et c'est alors, seulement, que les bébés commencent à parler.

Chez certains adultes, le souvenir du merveilleux n'a pas été très bien effacé. Un ange un peu moins consciencieux, peut-être.

Ou plus généreux.

***

Août tire à sa fin sur un Paris assoupi à cause de la chaleur. Je viens de laisser pour la toute première fois mes deux enfants en garde, pour deux heures, auprès d'une travailleuse sociale envoyée par la Ville de Paris, longiligne antillaise sportive de soixante ans à la voix flûtée, qui traite les bébés avec des précautions dignes d'un conservateur de musée. Et, je le dis sans honte, je me suis précipitée chez le coiffeur. Besoin irrépressible de retrouver une tête fraîche. Mon Figaro aussi patibulaire que débonnaire vient donc de redorer ma blondeur artificielle et de vivifier d'un coup de ciseau très sûr ma tignasse rebelle. Je redescends la rue Lamarck d'un pas vif. L'air est léger. Mes jambes aussi, pour la première fois depuis l'accouchement. Mon sang tourne sans obstacle dans mes veines. Les enfants ont trois semaines. Et là, sans prévenir, le bonheur se formule enfin dans ma tête. Venu d'on ne sait où. Une belle vague de chaud me submerge, comme un sentiment de triomphe sur la fatalité. Je suis la maman de deux enfants magnifiques que j'aime à la folie. Mon rêve est devenu réalité. Montmartre et ses devantures familières me le confirment. Le monde entier vient de changer. Il est devenu très difficile de s'intéresser à quiconque mesure plus de cinquante centimètres.

Je suis maman. Je suis heureuse.

Ma copine Lu est complètement remise de son énorme dépression après ses deux tentatives de suicide. À force de volonté, de chimie et de visites à un psychanalyste particulièrement doué, elle a franchi l'obstacle. Au fond, elle s'est sans doute sauvé la vie en voulant y mettre fin. Mon pote Santiago, lui aussi, est entièrement sauvé par la science. Une longue année de trithérapie d'une violence inouïe vient de porter ses fruits. Le virus est éradiqué. Santiago, sa nouvelle femme et ses deux filles ont droit à une deuxième vie, laissant au seuil de la première l'épée de Damoclès à laquelle ils ont eu la force de résister.

Parfois, il faut croire, de toutes ses forces, que l'impossible est possible. Pas gratuit, pas donné sur un lit de roses, mais possible. Et le temps reprend toute sa valeur.

***

« Paul et Jules, grands magiciens, pouvoirs illimités, horloges explosées, amour garanti. Déjà deux mois et un océan de Pampers. » En guise de faire-part sur Facebook, légère entorse un peu sibylline à mon aversion pour la publication de nouvelles personnelles sur les réseaux sociaux. J'imprime aussi 150 faire-part, créés une nuit d'après un très beau dessin offert par François. Les enveloppes faites, je me rends compte que j'aurais dû en tirer une bonne cinquantaine de plus. J'en garde tout de même deux en souvenir pour les garçons.

***

L'éditeur m'adresse deux exemplaires de ma dernière traduction, aimablement accompagnés de petits livres pour enfants. Imprimé, le texte semble moins rébarbatif que lorsque je travaillais dessus avec des mains au double de leur volume normal. Le livre s'intitule *La Route ensemble*.

Joli présage.

***

Août 2013, premier voyage des jumeaux. Un petit week-end en Normandie fera office de vacances pour Ted avant la reprise du travail début septembre. Les enfants se sont sagement laissé saucissonner dans ces saletés de coques auto réglementaires, seule façon légale de transporter des bébés dans une voiture. Super pénibles à installer, super pénibles à faire fonctionner, super pénibles à supporter si l'on en croit les pleurs de nos petits chéris avant que le ronronnement du moteur ne les aide à s'endormir. Mais il paraît que question sécurité, c'est le top. Ton bébé ne meurt pas dans un accident de voiture. Mais il a une scoliose jusqu'à la fin de ses jours.

Trois journées d'août en Normandie, en famille, avec nos mini-Gremlins bien calfeutrés dans leur landau, sous de grandes mousselines qui les protègent du soleil et du vent. Beaucoup de larmes le premier soir, les petits ventres qui font mal et nous qui ne savons plus quoi faire pour les apaiser. Ted, épuisé, est au bord du craquage. « Je n'y arriverai jamais ». Je reconnais cette phrase... Je l'ai prononcée, avant lui, il y a trois semaines, lors de mon baby-blues express à la maternité.

Après tout, les hommes aussi ont droit à leur crise d'angoisse. Celle de Ted ne dure qu'une soirée. Pas mal, pour un ours en phase de chamboule-tout.

Tout est doux ensuite, l'air pur, la tranquillité, la joie de partager désormais toutes nos expériences avec ces incroyables petites personnes que sont nos enfants. Nos enfants. Il faudra le temps de s'habituer, aussi, à cette expression.

On plonge dans de grands yeux noisette d'une confiance absolue, et on se surprend, au détour d'une table à langer, à deviner tout le savoir du monde, dissimulé dans ce tout petit corps. Ce petit corps pourtant si maladroit, malhabile, ayant besoin d'une attention permanente pour survivre. Ce tout petit corps encore incapable de porter la main à sa bouche sans se donner un méchant coup au front faute de savoir viser, et se mettre aussitôt à pleurer en se demandant qui vient de le frapper de façon si injuste. Et pourquoi les adultes rient bêtement alors que les fantômes attaquent et que la situation est grave.

Voyage réussi. Il y en aura beaucoup d'autres.

***

Avoir des jumeaux en bas âge, ce n'est pas élever deux bébés. C'est gérer deux chaos temporels et rythmiques absolus, dont les courbes se percutent de façon totalement aléatoire et imprévisible, et qui réclament, chacune, une attention absolument permanente, sans aucune notion du jour ou de la nuit. Et ce, pendant les trois premiers mois au minimum.

Mais la dose d'amour, elle aussi, est démultipliée.

Emmanuelle, maman aguerrie et productrice de télévision : « Profite bien de tes bébés et de la période bénie des mamours et des bisous. Les miens ont treize et quinze ans. À cet âge-là, ils deviennent tellement allergiques aux câlins que j'ai dû m'acheter un chat. »

***

J'apprends que le voisin du cinquième étage est mort en juillet, pendant que mes enfants étaient en train de naître. Il faisait du planeur avec une fille, me dit notre fidèle Maria, nounou et néanmoins concierge, et les ailes se sont cassées. C'est horrible, ma première réaction est d'avoir envie de rire. En fait, je ne sais pas quoi faire de cette information. Rien, sans doute, je ne le connaissais pas. Mais tout de même, drôle de mort. Tu planes, et paf, tu te pètes les ailes. La fille a survécu. Tu planes, et paf, ton mec se pète les ailes. Drôle de vie.

Je me rends compte aussi que la merveilleuse Donatienne, l'actrice au long cours et à l'esprit large, la beauté rebelle, la plus âgée des jeunes actrices, est partie, elle aussi. Fauchée en pleine jeunesse, à 75 ans, en même temps que Paul et Jules venaient au monde. Un petit vaisseau de la tête qui a fait des siennes, et paf, son rire gouailleur, le refus des conventions qui allumait son œil, sa présence chaleureuse envers nous, tout ça, tout est reparti au pays des anges. Il reste à François, l'ami de toujours orphelin de sa maman de théâtre, à sa famille, à nous tous qu'elle a tant protégés et soutenus, la charge de continuer à vivre sans elle. En essayant d'être à la hauteur.

François m'avait appris la nouvelle par texto quelques heures avant mon accouchement. Incrédule, j'avais fondu en larmes. Mais je ne comprends qu'à présent ce que signifient vraiment les mots. Donatienne n'est plus des nôtres.

Pourtant, comme c'est le cas pour les gens qu'on aime, il faut se pincer pour s'en souvenir. Sa présence, méridionale, talentueuse, incontrôlable, continue à imprégner l'air du temps.

***

L'une de nos gentilles nounous occasionnelles a été dégotée par l'intermédiaire de ma copine Bashka. Douce, drôle, toute jolie, elle est d'une patience d'ange avec les bébés et peut les bercer en chantant pendant des heures. Parfois même en portant les deux à la fois. Bon, elle ne parle pas une broque de français. Mais à Paris au débotté en plein mois d'août, on ne pouvait pas tout avoir. On fait du mime, on se débrouille. Quant aux bébés, le seul langage qu'ils comprennent, c'est la tendresse, et elle en a à revendre. Elle porte un prénom polonais, bien sûr, donc imprononçable. Bashka me conseille de l'abréger en... Margo.

Margo, comme ma mémé Marguerite. La revoilà ! Le merveilleux fantôme têtu qui m'accompagne depuis le début de cette quête d'enfant. Elle est toujours là, elle veille sur nous, et s'il faut passer par la Pologne pour trouver le « hasard » qui fait bien les choses, va pour la Pologne ! De toute façon, j'imagine que chez les fantômes, il y a un système de visa permanent pour éviter les queues aux frontières. Ma douce et malheureuse mémé Marguerite. Venue me rassurer alors que Ted et moi découvrons à peine le mode d'emploi pour être parents, parents pour la première fois, parents de jumeaux, parents de tout petits jumeaux dans une ville désertée par ses habitants en vacances, dont tous nos amis et connaissances.

***

Mon toubib est épatant, il est épaté par moi ou a l'amabilité de me le faire croire. Un mois et demi après l'accouchement, plus d'anémie, plus de séquelles de rien du tout, je suis bonne pour le service, il paraît qu'à mon âge je pourrais en remontrer à pas mal de petites jeunes plaintives. Mais il est tout de même recommandé de faire quelques abdos. Je repars de son cabinet boostée à fond comme toujours, et je zappe la visite de contrôle à la chirurgienne de l'hôpital public, la meilleure des meilleures dont l'intervention remarquable a failli me valoir d'avoir mis au monde deux orphelins à quinze jours de leur naissance.

***

Oui, je crois bien que j'ai oublié de raconter cet épisode. Oubliable, quoique légèrement traumatisant.

Treize longs jours après mon accouchement, la maternité me laisse enfin rentrer chez moi avec mes enfants. J'ai toujours une tension qui flirte avec les hauts sommets, des jambes d'hippopotame qui me font atrocement souffrir, mais on me conseille toujours de « boire de l'eau » et de « me reposer ». Bien sûr, me reposer. C'est ballot, je n'y avais pas pensé.

Les enfants, je les range dans un petit placard ? Insonorisé de préférence ?

Première nuit à la maison, douce, insomniaque, intimidante et très émouvante. Ted, moi et nos deux fils si petits.

Le lendemain soir, à minuit, je me retrouve dans la salle de bains littéralement en train de me vider de mon sang. J'appelle le sage-femme (Chéri, ce n'est pas une blague, notre sage-femme s'appelle Bruno) sensé s'occuper de moi en hospitalisation à domicile. « Reposez-vous. » Le repos. Mais bien sûr ! Décidément, je devrais y penser plus souvent. Ce brave garçon a sans doute mieux à faire un vendredi à minuit que de se préoccuper de savoir combien de litres de sang je viens de perdre.

En attendant, je suis exsangue, je perds toute volonté, ma tête se creuse comme une noix de coco, la vie s'écoule lentement de moi en flots rouge sombre. Ted attrape son téléphone, la Croix-Rouge débarque, fait un raffut énorme, chamboule l'appartement, me charge sur un brancard et fait vrombir le camion toutes sirènes hurlantes. À une heure du matin, Ted me voit partir entre la vie et la mort. Seule.

Il reste à la maison, seul lui aussi, enfin presque. Il serre dans ses bras nos deux bébés, âgés de deux semaines, incroyablement silencieux, comme s'ils avaient saisi la gravité de la situation.

Les jeunes secouristes de la Croix-Rouge se demandent où me conduire. Je supplie qu'on m'emmène là où j'ai accouché et où j'ai déjà un dossier médical précis. On me fait traverser Paris à une vitesse vertigineuse. Déjà mal en point, je manque de tomber de ma planche à chaque tournant. Le chauffeur doit avoir vingt ans à tout casser et sans doute un permis moto toutes catégories. Je tapote maladroitement deux ou trois textos pour que quelqu'un aille aider Ted à la maison. « Notre » sage-femme ne jugera pas nécessaire, là non plus, de se déplacer. Mais j'apprendrai ensuite que nos fidèles amis Pierrot et Mina, qui devaient partir en vacances le lendemain, se sont immédiatement déplacés et se sont relayés auprès de Ted à partir de 3 heures du matin. Soyez bénis. Dans le camion qui fonce, la jeune secouriste qui me tient gentiment compagnie tente de me dissuader de me servir de mon téléphone (pour me « reposer », bien sûr), mais même à six de tension, je reste très têtue, comme personne. Ce qui, plus d'une fois, m'a sauvé la vie.

Les urgences. Retour à la case départ de cet hôpital où j'avais espéré ne plus avoir à mettre les pieds. Examens avec plein de monde autour, bruissements, des ordres, je ne comprends pas tout. Malgré la furieuse envie de sombrer qui m'envahit, je lutte très fort pour ne pas tourner de l'œil. J'ai l'image permanente des enfants dans les bras de leur père et je répète sans arrêt: « Il ne faut pas que je meure ! » Une jeune femme, vêtue de bleu et douée en psychologie, m'engueule sèchement. « Vous êtes à l'hôpital, vous ne pouvez pas mourir. » Merci pour le réconfort.

Un brancard me roule à toute berzingue vers le bloc, on m'endort rapidos (cette fois-ci personne ne me parle de ma carrière de seconds rôles), je reçois une transfusion sanguine et un curetage sous anesthésie générale. Bien que ce ne soit écrit nulle part, on me fait comprendre par la suite que la chirurgienne avait laissé du placenta après mon accouchement. Ce qui provoque une hémorragie de la délivrance. Ah, d'accord. Il y a un terme médical. Donc, ça n'arrive pas qu'à moi.

Ben si, en fait, un peu. Les infirmières sont formelles: normalement, après une césarienne, ça n'arrive jamais. Décidément, la nuit de mon accouchement, les planètes devaient être en train de danser sous acide. Une rave-party du côté de l'horoscope pour les Lion.

Heureusement, les petits sont nés trop en avance pour être Lion. À deux jours près, ils ont choisi leur date, ils sont Cancer. Papa me dit qu'autrefois on disait aussi Écrevisse. Je préfère. Le terme « cancer », dans la famille, résonne encore un peu bizarrement. Mais c'est un signe de chaleur et d'amour, un signe aimant. Un signe de choux à la crème. Fin de la parenthèse.

On est passé à un cheveu d'un drame minable de faits divers, dans lequel la vie de deux petits enfants aurait été broyée dès leur arrivée sur terre. « Mortelle délivrance... » La vraie vie a toujours de petits airs de série B.

Je suis accueillie en salle de réveil par la voix rogue d'une infirmière exaspérée : « Ah ben pas trop tôt qu'elle se réveille, celle-là ! » Qu'est-ce qu'il y a, il y a un compteur, en salle de réveil ? Il faut payer un parcmètre pour sortir d'une anesthésie générale due à une erreur médicale quinze jours après avoir accouché ? Il est possible qu'elle ait été exténuée, « celle-là », chère pauvre espèce de ****, qui veut rentrer chez elle sans tarder et se fiche de ce qu'un malade peut ressentir comme de sa première paire de sabots ridicules en plastique rose.

OK. Apparemment, je suis toujours capable de me mettre d'une humeur de chien en trois secondes. Je suis probablement vivante.

Et plutôt en forme. Libérée. Mes jambes ont totalement dégonflé et ma tension est redevenue normale. Je n'entends plus personne me dire : « Reposez-vous », ni même « Buvez de l'eau ». Bizarre, non ?

Le jour se lève. L'équipe de nuit a enfermé mon portable en sécurité dans un placard dont elle seule à la clé, donc l'équipe de jour ne peut pas me le rendre. Le téléphone de ma chambre n'est pas branché : c'est comme la télé, il faut franchir à pied plusieurs bâtiments ou appeler au numéro inscrit, mais pour appeler... sauf erreur de ma part, il faut un téléphone, non ? Donc je ne peux pas joindre Ted, lui dire que je suis vivante, que je suis sauvée, qu'il ne restera pas veuf avec deux orphelins sur les bras. Et lui, je l'apprendrai plus tard, ne me retrouve nulle part non plus. Personne, dans cet hôpital, n'est capable de lui dire au téléphone où je suis ni si je suis morte ou vive. Nos deux enfants de quinze jours sur les bras, il passe quarante coups de fil à quarante services différents.

Dans les bons films, bien construits, rien n'est placé au hasard. Lorsqu'un tout petit personnage apparaît brièvement, un téléphone greffé sur l'oreille, c'est qu'on aura besoin de lui plus tard dans la l'histoire. Et donc, la revoilà.

La gentille aide-soignante aux tresses. Elle me tend généreusement son portable rose, qui ne la quitte jamais. Reconnaissante, je compose fébrilement le numéro de Ted. Mais Ted se trouve chez moi, et de chez moi, son mobile ne capte pas de réseau. Lorsque j'ai emménagé, j'ai été obligée de changer d'opérateur pour rester connectée au monde.

L'angoisse me tenaille, je dois me maîtriser pour ne pas hurler sur chaque personne qui entre dans ma chambre. Le suspense dure jusqu'au milieu de l'après-midi. Une infirmière entre vivement dans ma chambre, le téléphone du service à la main. « Votre mari vous cherche. »

Tu m'étonnes.

Malgré tout, il faudra que je pense à donner mon sang lorsque j'irai mieux. En remerciement pour la transfusion qui vient de me sauver la vie.

Le troisième jour, Amandine, une amie réalisatrice pas vue depuis bien longtemps, qui est restée à Paris en plein mois d'août et qui a la bonne idée de prendre soudain de mes nouvelles, se voit envoyée en mission à la maison chercher Ted qu'elle ne connaît pas et l'aider à venir me retrouver à l'hôpital avec les deux enfants. Mission réussie haut la main, je retrouve enfin mes trois hommes, tout sourire, grâce à Amandine. Ce genre de coup de main noue des liens plus solides que n'importe quelle cérémonie.

La troisième nuit, je dors à la maternité avec mes deux enfants et Ted peut rentrer se reposer.

Le matin du quatrième jour, tirée d'affaire, j'ai enfin le droit de rentrer définitivement chez moi. Avec mon homme à moi et nos deux jumeaux merveilleux.

Et strictement personne d'autre.

Le matin du cinquième jour, personne pour nous aider. Le matin du sixième jour, non plus. Pas plus que le matin du septième jour. Ni Bruno le sage-femme ni l'aide à domicile promise à grand cris par l'hôpital lors de mon baby-blues spectaculaire, pas le moindre cheveu de puéricultrice ni de travailleuse sociale qui pointe à l'horizon. Silence radio, uniquement rompu par les bébés qui pleurent pour diverses raisons, encore très mystérieuses pour les parents novices que nous sommes. Sans compter que j'ai rapporté de l'hôpital une sérieuse tendance à fondre en larmes dès qu'une mouche vole dans ma direction.

Une fois de plus, Ted prend son téléphone et sa grosse voix. Stupéfaits, nous apprenons que l'hospitalisation à domicile a été annulée, « puisque votre femme a été ré-hospitalisée ».

Et que je n'ai plus droit à un ou une sage-femme, puisque cette fois, « ce n'est pas pour accoucher qu'elle a été hospitalisée ». La série B continue, le scénariste est de plus en plus nul.

C'est donc à ce moment-là que, fatigués de compter sur le service public, nous avons engagé Margo la Polonaise, et que nous avons pu commencer à respirer de temps en temps. En mime.

***

Ainsi, si vous accouchez en été dans un hôpital public, vérifiez d'abord que vous êtes en bonne santé.

Ah oui. Et n'apportez pas votre matériel photo. Les deux appareils sophistiqués et la petite caméra de Ted, stockés sous clef, ont été volés dans ma chambre. « Madame, vous devez récupérer les actes de naissance de vos enfants. » Très bien, où ça ? Au rez-de-chaussée. Gentiment, les infirmières me proposent de garder mes bébés dans leur local. Je pousse les deux petits berceaux transparents jusqu'au bout du couloir, dépose un double bisou sur la tête de mes chéris, m'empare de ma clé de placard et de mon portable (on est prévenu qu'il peut y avoir des vols), et fais l'aller-retour au rez-de-chaussée. Un quart d'heure. Quinze minutes, montre en main.

À mon retour, mon placard, fermé à clef, a été forcé au pied de biche. Un tout petit pied de biche, adapté à ce placard en particulier, ne laissant qu'une trace à peine visible à l'œil nu. Du travail de connaisseur.

Dans le service, personne n'a rien vu.

Personne n'a rien vu ? Dans un service de maternité où le moindre soupir de chaque bébé est traqué par des puéricultrices œil de lynx, car elles n'ont qu'une confiance très limitée dans la capacité des mères à s'occuper de leurs enfants, on ne s'aperçoit pas de la présence d'un individu qui manie le pied de biche ? Dans la chambre voisine, c'est carrément la totalité du sac à main de la patiente qui a été dérobé, pendant qu'elle accouchait.

Le service de sécurité est venu nous poser des tas de questions. Deux énormes types patibulaires, qui semblaient très concernés. Au bout d'un moment, j'ai demandé à quoi servait cette longue conversation et le formulaire qu'ils remplissaient au fur et à mesure, histoire de savoir si nous avions une chance de revoir un jour notre matériel photo. Le type de la sécurité a pris un air encore plus sérieux. « C'est pour nos statistiques, madame. »

Dégage, abruti.

Le matériel, bon, ça énerve. Mais les photos qu'il contenait, celles de la naissance de nos enfants, ça, ça fait vraiment mal.

Heureusement, j'avais aussi mitraillé les bébés à l'aide de mon smartphone chaque fois que j'en avais l'occasion. Nous aurons des souvenirs légèrement pixellisés des premiers jours de vie de nos fils.

Voler dans un hôpital, franchement, c'est crado.

***

Angie l'Américaine a pris l'avion avec son homme pour aller présenter son bébé à sa famille, aux États-Unis. À son retour, elle n'avait plus de film. Sa productrice française est partie plusieurs semaines en vacances sans prendre le temps de négocier avec la star américaine qui avait accepté le scénario. L'Américaine, surbookée, a embrayé sur un autre projet. Oui. Les vacances pile au moment de négocier un gros contrat, pour les Américains, ça reste abstrait.

Angie a dû faire face à une grosse déprime, tout en chouchoutant son nouveau-né de son mieux. Et puis elle a rebondi, attaquant une nouvelle écriture. Et sur sa proposition, nous avons monté un club, constitué d'une poignée de martiennes comme nous : anglophones, quadras, artistes, et... jeunes mamans. Nous nous appelons le YOMS. Young Old Mums Society. Et nous avons toutes des garçons nés en 2013. De jolies parties de foot en perspective d'ici quelques étés.

Ou de Scrabble. Ou de maisons de poupée. Ou... De ce qu'ils voudront. Merde alors.

Sur Facebook circule une pub géniale datant des années 1970. Une petite fille, rouquine, les joues rouges, une tête de cancre, vêtue d'un gros jean, d'un T-shirt orange à rayures et de vagues baskets, exhibe fièrement une construction faite en briques de plastique d'une célèbre marque. C'est un machin, une sorte d'immeuble ou de garage, on ne sait pas bien. La petite fille aux joues rouges en est très fière. La publicité expliquait qu'il fallait encourager la créativité des enfants.

Aujourd'hui, la même petite fille serait bien coiffée, vêtue de rose, et elle aurait construit un abri à poneys magiques, une petite cuisine de poupées ou autre truc mauve à paillettes dorées. Triste constat, mais très juste. Les filles, de nos jours, dans les pubs et les magazines, c'est rose. Ça joue à la poupée, ça fait des gâteaux. Les garçons, c'est fort, ça mange du fromage et ça joue au foot.

Il faudra penser à expliquer aux garçons à quel point le marketing nous a rendus imbéciles.

***

Fin août 2013, une aire d'autoroute, midi.

— Ohhh... Ce sont des jumeaux ?

— Oui. Deux garçons.

— Oh là là, deux garçons ! Qu'est-ce qu'ils sont mignons !

— Merci, monsieur.

— Ils sont tellement mignons, tu ne trouves pas, chérie, qu'ils sont très mignons ?

— Oh oui, ils sont adorables vos bébés, vous êtes beaux à voir.

— Merci, madame. Bois, mon chéri, bois ton lait.

— C'est beaucoup de travail, hein ?

— Oui, monsieur, c'est beaucoup de travail. Bois, mon chéri, allez, tu dors, mon amour.

— Ah ben ça, c'est sûr, ça doit être du travail, hein.

— Oui, madame. Mais beaucoup d'amour aussi. Bois, mon chéri.

— Oui, non, mais c'est beaucoup de travail, je connais bien le problème.

— Ah bon.

— Ben oui, avec mon frère qui a un élevage, je le vois bien.

— ... Un élevage... ?!

— Dès qu'il y en a deux ou trois, faut voir le bazar, hein ? C'est pareil, les jumeaux !

— Mais un élevage de... ?

— De teckels.

***

Papa est devenu Papy André avec un plaisir qui me fait chaud au cœur. Il vient nous voir plusieurs fois à Paris, muni chaque fois de deux jolis paquets cadeaux, et réjouit les enfants par de grandes séances de marionnettes. Les parents de Ted sont devenus Mamie Andrée et Papy Eddie. Paul et Jules sont leurs neuvième et dixième petits-enfants. Pas blasés pour un sou, généreux et drôles, ils en sont complètement gagas et nous couvrent de gentillesse et de cadeaux.

À ma première visite à Angers avec les jumeaux, j'ai poussé le double landau-tank jusqu'en haut de la côte très raide qui mène au cimetière de notre village. Au bout de quelques minutes devant la tombe de ma maman Simone, Jules, dont le deuxième prénom est Simon, a fondu en larmes. C'est peut-être un hasard.

***

Le 9 octobre, Paul a compris qu'en appuyant sur la petite fleur de son jouet il la faisait tourner.

Le 11 octobre, Jules a réussi à tenir son biberon tout seul quelques instants.

Je n'ose pas imaginer dans quel état je serai le jour où ils décrocheront le bac.

***

Toutes mes copines mamans sont d'accord sur un point. Il faut absolument laisser croire au papa qu'il est beaucoup plus fatigué que vous. Ça l'aide à tenir.

Cette nuit, Ted était tellement fatigué qu'il est tombé du lit.

***

La paternité réveille aussi chez les hommes leur rapport à leur propre mère, mais c'est une autre histoire, un peu trop longue pour être abordée ici. Surtout si, par le plus grand des hasards, ce rapport n'a pas été entièrement résolu par les années, un décès précoce ou une bonne analyse interminable.

Et là, bien sûr, on se dit, « mes fils, eux, n'auront pas de problème dans leur rapport à leur mère. Je vais y veiller tout particulièrement ».

Bien sûr, Josette. Tout sera parfait dans le meilleur des mondes.

***

L'heure d'hiver a sonné. Les feuilles des arbres tombent doucement. La lumière se fait rare, on fabrique de jolies ambiances électriques dans les maisons. Paul et Jules dorment à côté de moi sur le canapé, côte à côte, chacun lové dans son petit transat et enveloppé dans de grands carrés de mousseline et des mini-couvertures toutes douces. Dans neuf jours, ils auront trois mois.

On devient mère en accouchant. Mais en s'occupant de ses enfants, jour après jour, on devient maman.

***

Le doudou de Paul, élu parmi toute une population de peluches, est une petite vache jaune. Nommée Marguerite.

***

Dans la vie, c'est un classique, les grandes occasions font le grand ménage du carnet d'adresses. Il y a les amis qui font des cadeaux, ceux qui font le déplacement, ceux qui font les deux. Il y a ceux qui ne font strictement rien, ne disent rien, n'envoient rien, ne se déplacent pas, et dont on attendait, justement, un enthousiasme, une marque de joie ou d'affection.

Et puis il y a ceux qui ont la classe. Mon ancien maître de karaté, pas revu depuis bien trop longtemps, envoie à ma grande surprise un chèque généreux accompagné d'une dédicace pour les enfants. S'ils ont la moitié de son mental en grandissant, je n'aurai pas trop raté mon rôle de mère. Merci, maître.

***

Ma vie, ma famille, ma fatigue.

Ma joie, mes kilos à perdre, mes jambes en ciment plombé.

Ma tête dans les étoiles, le feu follet dans les yeux de mes petits et grands hommes, les machines à laver, le bruit du sèche-linge, le ramdam de mon cœur, le ravissement de mes petites bouilles d'amour qui me regardent jusqu'au fond de l'âme.

Les longues nuits, le casse-tête des laits infantiles inadaptés aux enfants, l'amour, les couches, les biberons, les cris, les larmes, la beauté, les couches, le premier regard, le premier sourire, le mal au dos, le premier geste, le premier échange, le premier rire, les faire-part, les packs d'eau minérale, l'amour, la poussette impoussable, les couches, l'amour.

L'amour.

***

Samedi 12 octobre 2013. Je n'ai plus allumé ma télé depuis le mois de juillet. Je ne sais pas trop ce qui se passe dans le reste du monde, qui tourne tout aussi bien sans moi. Ou mal, c'est selon, mais ça revient au même. Je suis devenue experte en lait pour enfants et autres tétines plates, striées ou à plusieurs vitesses. Le centre de la planète s'est déplacé, il est au beau milieu de mon appartement, quelque part entre la pile de Pampers et le tas de peluches. Très exactement au fond des yeux de mes deux bébés, tranquillement endormis sur leurs peaux de moutons étalées sur le canapé. Dehors, il fait gris. Dedans, il fait doux. La machine à laver ronronne. Les enfants aussi. Miracle, j'ai le temps de me faire un café.

Ted se penche sur moi et m'embrasse tendrement : « Ma chérie, tu m'as donné deux très beaux enfants ».

~~FIN~~
DÉBUT.

Épilogue

— Allô, la Sécurité Sociale ? Bonjour, je suis la maman de deux petits jumeaux nés il y a un mois et j'aimerais savoir où en est mon congé maternité, toujours pas déclenché.

— Oui, bonjour madame, je consulte votre dossier... Ah, mais il nous manque votre certificat de grossesse gémellaire.

— De grossesse ? Mais j'ai accouché il y a quatre semaines et je vous ai adressé les certificats de naissance de mes jumeaux.

— Oui madame, nous avons bien enregistré les certificats de naissance de vos enfants.

— Donc, mes enfants étant nés, j'ai droit à un congé maternité.

— Ah non, pour un congé maternité, il nous faut un certificat de grossesse.

— Mais puisque vous avez les certificats de naissance !

— Ah non, madame, pour un congé maternité, il nous faut...

— Un certificat de grossesse. J'ai bien compris. Je vous l'envoie.

Pour la Sécurité Sociale, en 2013, il est possible pour une femme d'accoucher sans même avoir été enceinte... Qui a dit que l'administration française était rétrograde ?

Déjà parus aux éditions Intervalles

LITTÉRATURE

Parano, de Jan Lars Jensen
Douze histoires cul sec, d'Anthony James Perry
D'amour et d'Amazone, d'Anthony Smith
À la recherche d'Hassan, de Terence Ward
Le roman que je n'ai pas écrit, de Linda Grant
1421, l'année où la Chine a découvert l'Amérique, de Gavin Menzies
Twelve Bar Blues, de Patrick Neate
Les mots pour jouir, de Martin Melkonian
Cent un jours à Bagdad, de Åsne Seierstad
Les Ailes de Sarajevo, de Bill Carter
Le Sang des âmes, de Theo Hakola
La fin est mon commencement, de Tiziano Terzani
Soname ou la bonne fortune, de Soname Yangchen
La demoiselle de Sing Sing, d'Idanna Pucci
Collection irraisonnée de préfaces à des livres fétiches, de M. Page et T. B. Reverdy (dir.)
Les petites fées de New York, de Martin Millar
Nos mots croisés, de Daphné Kauffmann
Les Tribulations d'un opiomane (1895-1915), de James S. Lee
Softcore, de Tirdad Zolghadr
Jérusalem, de Patrick Neate
Raga Mala, de Ravi Shankar
Un devin m'a dit, de Tiziano Terzani
Kalix, la loup-garou solitaire, de Martin Millar
Voyage au pays des juges, de Jean-Claude Boulard
Le Cartographe, de Guillaume Jan
Marie et les Autres, d'Axel Léotard
18 % gris, de Zachary Karabashliev
Détrompez-vous !, de Jean Szlamowicz
Rakia, de Theo Hakola
Les Meilleures Intentions du monde, de Gabriel Malika
Christiania ou les enfants de l'utopie, de Laurène Champalle
Comme sur un lit de roses, de Millard Kaufman
Nos années folles, de Linda Grant
Des bambous dans la surface de réparation, de Rowan Simons
Un personnage en Italie, de Daphné Kauffmann
Petit journal de bord des frontières, de Gazmend Kapllani
Voyages sur Chesterfield, de Philippe Coussin-Grudzinski
Là-Batz, le roman d'une île, de Guénaëlle Baily-Daujon
Les Enfants de l'exil, de D. Guelar, V. Jarach, B. Ruiz
Doris Darling, de Ben Elton
Les Menteurs, d'Anthony Neilson
Absolut Barbarian trip, d'Elias Jabre
Comic Strip, d'Arnaud Modat
Bye bye Leningrad, de Ludmila Shtern

Un psychopathe et demi, d'Elias Jabre
Zeus, de Sébastien Gendron
La Nuit des secrets, de David Doma
Je m'appelle Europe, de Gazmend Kapllani
Le Monde selon Cheng, de Stéphane Reynaud
Avec les hommes, de Mikaël Hirsch
Les Heures pâles, de Gabriel Robinson
Sotchi inventaire, de Jean-Claude Taki
Kalix, la malédiction de la loup-garou, de Martin Millar
Qatarina, de Gabriel Malika
La Paix à l'œuvre, de Menahem Begin et Anouar el-Sadate
L'argent a été viré sur votre compte, de Dimitris Sotakis
Traîne-Savane, de Guillaume Jan
Découvrez Mykonos hors saison, de Richard Gaitet
Notre-Dame des Vents, de Mikaël Hirsch
Une bien modeste famille, de Da Ngân
Ça pourrait bien être votre jour de chance, Mileta Prodanović

PHOTOGRAPHIE, LIVRES ILLUSTRÉS

Idolâtrisme, de Jocelyn Bain Hogg
Les Enfants d'Abraham, d'Abbas
Tokyo Love Hello, de Chris Steele-Perkins
Toxi Food, de Sabine Pigalle
India notes, de Raghu Rai et Tiziano Terzani
Cinéma, de Xavier Lambours
Roland-Garros, fenêtre sur courts, de Stéphan Gladieu
De la guerre et de l'amour, de Fouad Elkoury
Lettres kazakhes, de Guillaume Reynard et Jean-Claude Taki
Quarante-cinq histoires d'automobiles, de Magnum Photos et Bruno Gibert
Georges Aperghis : Avis de tempête, de Célia Houdart
Le travail révélé, sous la direction de Sophie Prunier-Poulmaire
Festins libertins, de Sabine Pigalle
Protectors, de Sabine Pigalle
California dreaming, de Naomi Harris et Yann Perreau
Under Gods, de Liz Hingley
La lutte continue, de Tomas van Houtryve
Mortem, d'Éric Atlan
Le Chant du Monstre, revue dirigée par Sophie Duc, Angélique Joyau et Céline Pévrier
Gueule d'Hexagone, du collectif Argos
S.A.P.E., d'Héctor Mediavilla
Sotchi pour mémoire, de Guillaume Reynard et Jean-Claude Taki
Terre de foot, d'Aurélien Abels Eber, Romain de La Bouvrie et Thomas de La Bouvrie
Les Bâtisseurs, de Jérôme Cabanel
It's not only Rock'n'Roll, de Catherine Viale et Mathias Moreau
Papa porte une robe, de Piotr Barsony
Éloge des arborinidés, de Julien Nouveau

Achevé d'imprimer en septembre 2014
par Pulsio.net
Imprimé en Europe
Dépôt légal : quatrième trimestre 2014

Couverture et composition : Claire Besset
Révisions : Claire Besset, Mégane Mazé

ÉDITIONS INTERVALLES

Direction éditoriale : Armand de Saint Sauveur

2 rue Bleue 75009 Paris France
Tel. : +33 1 53 43 83 30
www.editionsintervalles.com